Direito e Processo do Trabalho

Coleção Para Facilitar o Direito

Coordenação:
Gleibe Pretti

Livro 1 - Aspectos Teóricos e
Jurisprudência Separada por Tema

2ª edição revista e ampliada - 2009

Dados Internacionais de Catalogação na Publicação (CIP)
(Câmara Brasileira do Livro, SP, Brasil)

Pretti, Gleibe
    Direito e processo do trabalho : livro 1 :
aspectos teóricos e jurisprudência separada por
tema / Gleibe Pretti, Valeska Sostenes. —
São Paulo : Ícone, 2009. — (Coleção para
facilitar o direito / coordenação Gleibe Pretti)

    ISBN 978-85-274-1023-6

    1. Direito do trabalho - Jurisprudência -
Brasil 2. Direito processual do trabalho -
Jurisprudência - Brasil I. Sostenes, Valeska.
II. Título. III. Série.

	CDU - 34:331 (81) (094.9)
09-00324	- 347.9:331 (81) (094.9)

Índices para catálogo sistemático:

1. Brasil : Jurisprudência : Direito do trabalho
       34:331 (81) (094.9)
2. Brasil : Jurisprudência : Processo do trabalho
       347.9:331 (81) (094.9)

Autores:
Gleibe Pretti
Advogado, Professor de Direito e processo do trabalho, Especialista em exame de ordem. *www.professorgleibe.com.br*

Valeska Sostenes
Advogada, Professora de Direito e processo do trabalho

DIREITO E PROCESSO DO TRABALHO

Coleção Para Facilitar o Direito

Coordenação:
Gleibe Pretti

Livro 1 - Aspectos Teóricos e Jurisprudência Separada por Tema

2ª edição revista e ampliada - 2009

© Copyright 2009.
Ícone Editora Ltda.

Projeto Gráfico de capa e Diagramação
Rodnei de Oliveira Medeiros

Revisão
Vinicius Trindade
Rosa Maria Cury Cardoso

Proibida a reprodução total ou parcial desta obra,
de qualquer forma ou meio eletrônico, mecânico,
inclusive através de processos xerográficos, sem
permissão expressa do editor. (Lei nº 9.610/98)

Todos os direitos reservados pela
ÍCONE EDITORA LTDA.
Rua Anhanguera, 56 – Barra Funda
CEP: 01135-000 – São Paulo/SP
Fone/Fax.: (11) 3392-7771
www.iconeeditora.com.br
iconevendas@iconeeditora.com.br

Agradecimentos

Agradeço a Deus pela oportunidade de escrever essa obra.

Citar nomes muitas vezes é arriscado, mas vou tentar.

Agradeço aos meus pais, minha irmã, minha esposa, meus filhos e todos aqueles que fizeram e fazem parte da minha vida.

Um abraço aos meus amigos de trabalho Marcos Fernandes, Antonio Carlos Marcato, José Horácio Cintra, Fernando Nogueira, Elaine Cruz, Ellen Jardim, Jefferson Jorge, Valeska Sostenes, Dudu Braga e todos os alunos e alunas que fizeram parte deste projeto, mesmo que indiretamente.

Aos meus irmãos da Loja Acácia de Vila Carrão, principalmente ao Armindo.

Ao meu novo amigo sr. Luiz da Ícone Editora, pela confiança prestada.

Dedicatória do Gleibe

*Obrigado por tudo, Greasy, minha
esposa, e aos meus filhos, Pedro e Guilherme,
por serem um pedaço de mim.*

Dedicatória da Valeska

*Para o meu marido, meu grande
e eterno amor, que está comigo
em todos os momentos.*

ÍNDICE

Apresentação, 11
Introdução, 13
    Fase de conhecimento, 13
    Fase de execução, 15
Procuração, 16
Dicas para as reclamações trabalhistas, 16
Reclamação trabalhista pelo rito ordinário, 17
Horas extras, 18
Remuneração, 19
Contrato de trabalho, 20
Férias, 21
Justa causa, 22
Estabilidade, 24
Explicação sobre reclamações trabalhistas, 25
    Reclamação trabalhista com pedido de
        tutela antecipada, 25
    Livre arbítrio do julgador, 26
    Reclamação trabalhista com pedido de
        tutela específica, 26
    Reclamação trabalhista com pedido de
        liminar, 27
    Mandado de segurança, 27
    Reclamação trabalhista pelo Rito
        Sumaríssimo, 29
    Reclamação trabalhista com pedido de
        rescisão indireta, 32
Dano moral, 34
Inquérito para apuração de falta grave, 36
Ação rescisória, 38
Ação cominatória, 39
Ação de cobrança, 40
Dissídio coletivo, 42

Ação de cumprimento, 44

Mandado de segurança, 47

Ação possessória, 50

Ações cautelares, 51

Habeas-corpus, 55

Ação revisional, 56

Ação de consignação em pagamento, 57

Reclamação correicional, 60

Dicas sobre respostas, 62

Contestação, 62

Exceção de incompetência relativa em razão do lugar, 63

Reconvenção, 65

Dicas para recursos trabalhistas, 66

Recurso ordinário, 68

Recurso de revista, 68

Agravo de instrumento, 68

Embargos de divergência, 70

Embargos infringentes, 70

Agravo regimental, 70

Recurso extraordinário, 72

Pedido de revisão, 72

Embargos de declaração, 73

Contrarrazões, 75

Dicas para as ações de execução, 75

Exceção de preexecutividade, 75

Embargos à execução, 76

Impugnação aos cálculos de liquidação, 77

Embargos de terceiro, 77

Agravo de petição, 78

Apresentação da 1ª edição

A presente obra faz parte de uma coleção com as quatro áreas do direito que os leitores escolhem para prestar no exame da ordem ou após aprovados na OAB escolhem para trabalhar.

O nosso objetivo é exatamente dar uma informação rápida, objetiva, em que o leitor busque sem maiores dificuldades os pontos principais das mais importantes peças trabalhistas.

Neste sentido, dividimos o nosso estudo em dois livros, o primeiro, menor, tráz as características básicas que a peça trabalhista deverá ter. São requisitos essenciais a qualquer peça trabalhista. Já no segundo livro segue um modelo de peça. Um mais sucinto e outro com mais apontamentos. Tudo isso para facilitar o dia-a-dia do leitor.

Saliento que ao final de cada peça do livro de teoria apontamos vários julgados do site www.trto2.gov.br em que no momento da elaboração da peça o aluno tenha uma decisão à mão para que possa usar no corpo de sua petição.

Com isso esperamos atender as suas necessidades.

Apresentação da 2ª edição

Graças a Deus as vendas da nossa primeira edição superaram as expectativas e já estamos na segunda edição. Inserimos os embargos de declaração, as contrarrazões e tiramos a linha do tempo e a substituimos pelo texto que corresponde às normas dos editais da OAB pelo Brasil. Complementamos a ação rescisória com as súmulas mais utilizadas. Agradeço ao J. A. Brito pelas observações.

Boa leitura e bom estudo. Grande abraço.

Prof. Gleibe Pretti
www.professorgleibe.com.br

INTRODUÇÃO

Antes de iniciarmos o nosso estudo é importante termos em mente o processamento da ação e suas conseqüências jurídicas.

Sabendo esse processamento a identificação da peça fica mais fácil e sua elaboração também.

FASE DE CONHECIMENTO

Ajuizada a reclamação trabalhista caso essa seja indeferida caberá recurso ordinário, nos moldes do art. 895, a da CLT.

Caso seja apta, ou seja, tenha respeitado os arts. 840 § 1º da CLT e 282 do CPC terá o seu processamento.

Caso o Juiz necessite se manifestar sobre uma decisão interlocutória, dessa não caberá recurso, conforme súmula 214 do TST. Temos exceções, a primeira é se o Juiz arbitrar o valor da causa caberá pedido de revisão em até 48 hs, nos moldes da lei 5.584/70 art. 2 parágrafo 2º. Uma outra exceção é se o Juiz remeter o processo para outra vara do trabalho de competência de outro TRT desta forma caberá recurso ordinário. Corroborando com esse entendimento caso a decisão interlocutória seja abusiva caberá mandado de segurança para o presidente do TRT.

Uma vez notificada à reclamada ela poderá apresentar suas respostas que são a contestação, exceção e reconvenção. São três peças autônomas e independentes com pedidos em específicos.

Importante salientar que no rito sumaríssimo não cabe reconvenção e sim pedido contraposto em contestação.

As partes também poderão oferecer as exceções de suspeição e impedimento que são peças autônomas e o pedido é que o Juiz se declare suspeito ou impedido.

Antes da sentença temos ainda a oportunidade de oferecer as razões finais nos moldes do art. 850 da CLT.

Proferida a sentença dessa cabe embargos de declaração conforme artigo 897 A da CLT quando a decisão for omissa, contraditória ou obscura. Ainda será possível pleitear o efeito modificativo (retratação), mas a outra parte deve ser intimada para apresentar suas contra razões aos embargos de declaração. Insta salientar que os embargos poderão ser utilizados quando o agravo de instrumento interposto for também denegado para o TRT por erro da secretaria da vara do trabalho.

Uma vez proferida a decisão final caberá recurso ordinário em que deverá ser apresentada a peça conhecida como contra razões ao recurso ordinário, conforme artigo 900 da CLT.

Desta forma, encaminhada a peça para o TRT terá o seu processamento e de seu julgamento (acórdão) caberá recurso de revista, conforme artigo 896 da CLT. Antes a matéria deverá ser prequestionada conforme súmula 297 do TST.

Interposto o recurso de revista esse será contra razoado e encaminhado para uma das oito turmas do TST para o seu julgamento.

Julgado o recurso de revista na turma, se for denegado (não conhecido) caberá agravo regimental, mas se for proferido seu acórdão caberá embargos para o TST ou embargos de divergência (dependendo do caso), conforme artigos 894, II da CLT.

Uma vez julgados esses embargos na SDI do TST caberá recurso extraordinário, mas apenas se for matéria constitucional.

Observações:
1. Para todo recurso interposto caberá contra razões;
2. Caso ocorra à denegação do recurso no juízo a quo cabe agravo de instrumento;
3. Caso a denegação do recurso se deu no juízo ad quem caberá agravo regimental;

4. A ação cautelar poderá ser ajuizada a qualquer tempo para garantir a eficácia do processo principal e sempre será ajuizada onde estiver o processo (VT ou TRT ou TST).

FASE DE EXECUÇÃO

Encerrada a fase de conhecimento vamos ter início a fase de execução. Inicia-se com a liquidação de sentença nos moldes do artigo 879 da CLT, e seu objetivo é de atualizar os débitos para a fase de execução.

Apresentados os cálculos esses poderão ser impugnados em até 10 dias. Proferida a sentença de liquidação dessa caberá agravo de petição apenas se for terminativa ou seja se acabar a execução, ex. acolher a prescrição intercorrente.

Porém uma vez atualizado os valores será expedido o mandado de avaliação e penhora para que a reclamada, ora executada, pague em até 48 hs ou nomeie bens sob pena de penhora. Uma vez realizada a penhora caberão:
- Pela empresa: embargos a execução;
- Pelo empregado: impugnação;
- Por terceiro: embargos de terceiro.

Se for uma penhora abusiva (on line na liquidação provisória caberá mandado de segurança). Uma vez proferida a sentença de execução caberá agravo de petição (897, a da CLT) e recurso de revista, apenas se for matéria constitucional (896, parágrafo 2° da CLT).

A exceção de pré executividade, conforme súmula 397 do TST será cabível em qualquer momento do processo de execução, mas sempre antes da sentença, tendo em vista se surgir algum fato novo que acarrete a nulidade processual.

Transitado em julgado o procedimento de execução ainda caberá embargos a arrematação, a adjudicação e remissão em que deverão ser protocolados na vara do trabalho e haverá uma sentença que caberá agravo de petição e recurso de revista. Após esse tramite ainda cabe a ação rescisória, nos moldes do art. 836 da CLT.

PROCURAÇÃO

Em qualquer procuração é importante que tenhamos a qualificação das partes (chamando as mesmas de outorgante e outorgado) com os poderes para atuar na referida ação, sendo eles representar, substabelecer, receber, defender, retirar alvarás, dar quitação e todos os atos pertinentes ao processo.

Não se olvidar de colocar o prazo da procuração, data e assinatura do outorgante.

DICAS PARA AS RECLAMAÇÕES TRABALHISTAS

O leitor deverá prestar atenção nas seguintes dicas para qualquer reclamação trabalhista:

1- É uma peça proposta sempre pelo empregado em face do empregador, nunca por trabalhador. Este deverá propor ação de cobrança. Claro, exceto se for para pleitear vínculo empregatício.

2- Se for pedir a reintegração nunca se esqueça de pedir cumulativamente os salários que não foram pagos durante seu afastamento.

3- Se for pedir para rescindir o contrato, peça as verbas rescisórias oriundas da relação de emprego.

4- Jamais se esqueça que em todas as peças deverão ter o fato – fundamento – conclusão.

5- O fato seria um resumo do problema da ordem.

6- O fundamento seria o apontamento do artigo (CF, CLT e leis especiais) com a explicação de cada item elencado. Não se esqueça que a cada artigo de lei apontado, uma súmula ou uma jurisprudência para complementar fica ideal.

7- A conclusão seria o pedido em si.

8- Capricho e ser objetivo, sem tergiversar, é o melhor caminho. Aquele argumento que escrever muito sem dizer nada é bom, é mentira. Bom advogado é aquele que pede o que é justo, devido ao seu cliente, sem fugir do tema.

9- A reclamação trabalhista deverá ser proposta na vara do trabalho que abrange a região em que o empregado trabalhou por último. Na sua ausência será na vara cível. Art. 651 da CLT.

RECLAMAÇÃO TRABALHISTA PELO RITO ORDINÁRIO

Nesta peça, que ao nosso ver é a mais importante, o leitor não poderá se esquecer de fazer a qualificação das partes (com 11 itens), sendo eles, nome, nacionalidade, estado civil, profissão, com RG nº, CPF/MF nº, data de nascimento, nº da CTPS e série, nome da mãe, PIS e endereço. Assim como a qualificação da reclamada, nome, CNPJ/MF e endereço.

Abrir tópicos é importante e coloca-se a CCP, Justiça gratuita e resumo do contrato de trabalho.

Após esses tópicos básicos, coloca-se o direito do reclamante, ou seja, vão se abrindo tópicos do tipo "1- das horas extras devidas ao reclamante" e nunca se esquecer que a cada tópico aberto deve-se colocar no mínimo três parágrafos, ou seja, o fato/fundamento/ conclusão. A base legal dessa peça são os arti. 840 §1º da CLT e 282 do CPC.

Após todos esses tópicos, colocar o pedido e os requerimentos finais (notificação, respostas, revelia e confissão, custas, provas, valor da causa, data e assinatura do advogado).

JURISPRUDÊNCIA SOBRE

RECLAMAÇÕES TRABALHISTAS

(As mais comuns na prática) Divididas Por Assunto

HORAS EXTRAS

CABE AO RECLAMANTE O ÔNUS DE PROVAR A PRESTAÇÃO DE HORAS EXTRAS, ANTE A NEGATIVA DO EMPREGADOR. PROCESSO Nº: 02860135370

HORAS EXTRAS. NÃO MERECEM CREDIBILIDADE E NÃO DEVEM SER TIDOS COMO VÁLIDOS OS CARTÕES DE PONTO QUE NÃO SÃO MARCADOS PELO TRABALHADOR E QUE INDICAM HORÁRIO SEMPRE UNIFORME E IDÊNTICO, MORMENTE SEUS ELEMENTOS E OS INDÍCIOS LEVAREM A CONCLUSÃO DE QUE A JORNADA APONTADA NOS DOCUMENTOS NÃO ERA A JORNADA REALMENTE TRABALHADA. DIREITO ÀS HORAS EXTRAS. PROCESSO Nº: 02861034496

SERVIÇOS EXTERNOS E HORAS EXTRAS. EMBORA EXECUTANDO SERVIÇOS EXTERNOS, SE É CONHECIDA A SUA JORNADA DE TRABALHO HÁ DE TER O EMPREGADO COMO EXTRAS, AQUELAS HORAS QUE ULTRAPASSEM O LIMITE NORMAL DAS OITO HORAS. PROCESSO Nº: 02860136031

HORAS EXTRAS. INTEGRAÇÃO NAS DEMAIS VERBAS. AS HORAS EXTRAS, MESMO NÃO HABITUAIS, INTEGRAM OS DESCANSOS REMUNERADOS, BEM COMO O 13º E FÉRIAS PROPORCIONAIS, APENAS QUANTO AOS RESPECTIVOS PERÍODOS QUE LHES DÃO BASE. (TRT/SP, RO 102688/ 86, VALENTIN CARRION, AC. 8A. T., 22.02.88). PROCESSO Nº: 02861026884

O EMPREGADOR QUE SONEGA OS CARTÕES DE PONTO, DEIXANDO DE TRAZÊ-LOS AOS AUTOS, FAVORECE A PARTE CONTRÁRIA, QUE PEDE O PAGAMENTO DE HORAS EXTRAS, PORQUE SE TRATA DE PROVA COMUM ÀS PARTES. PROCESSO Nº: 02861047393

REMUNERAÇÃO

TERÇO DE FÉRIAS. POR SER UM *PLUS* CONSTITUCIONALMENTE ASSEGURADO, INTEGRANTE DA REMUNERAÇÃO DE FÉRIAS, O ACRÉSCIMO DE UM TERÇO SOBRE AS MESMAS É DEVIDO, AINDA QUE NÃO PLEITEADO EXPRESSAMENTE. PROCESSO Nº: 02940369423

ALIMENTAÇÃO. AUSÊNCIA DE NATUREZA SALARIAL. É IRRELEVANTE DISCUTIR SE OS DESCONTOS POR FORNE-CIMENTO DE ALIMENTAÇÃO SÃO OU NÃO IRRISÓRIOS QUANDO O INSTRUMENTO NORMATIVO DA CATEGORIA EXPRESSAMENTE PREVÊ QUE A UTILIDADE EM QUESTÃO NÃO TEM NATUREZA SALARIAL NEM SE INTEGRA NA REMUNERAÇÃO DO EMPREGADO. PROCESSO Nº: 02950119446

ADICIONAL DE PERICULOSIDADE. SOMENTE SE DEFERE PAGAMENTO DE ADICIONAL DE PERICULOSIDADE, MESMO COM BASE NO DECRETO 93.412/86, MEDIANTE PERÍCIA TÉCNICA CONCLUSIVA PELA EXISTÊNCIA DE FATO QUE ENSEJE TAL REMUNERAÇÃO. PROCESSO Nº: 02950004967

DIGITAÇÃO - ANALOGIA DO ART. 72 DA CLT - COMPROVANDO A AUTORA QUE, APESAR DO REGISTRO PROFISSIONAL COMO SECRETÁRIA, ATIVAVA-SE, DURANTE TODO O TEMPO, EM TAREFAS DE DIGITAÇÃO, FAZ JUS A REMUNERAÇÃO PELA AUSÊNCIA DE PARALISAÇÃO A CADA NOVENTA MINUTOS

(APLICAÇÃO ANALÓGICA DO ART. 72 DA CLT). PROCESSO Nº: 02950032901

GORJETAS. AS GORJETAS PERCEBIDAS PELO EMPREGADO OU OS VALORES CONSTANTES DAS ESTIMATIVAS SINDICAIS INTEGRAM A REMUNERAÇÃO PARA TODOS OS EFEITOS LEGAIS, MAS NÃO PODEM SER CONSIDERADAS PARA FORMAÇÃO DO SALÁRIO NOMINAL. PROCESSO Nº: 02950002883

CONTRATO DE TRABALHO

CONTRATO DE TRABALHO – ENTREGADOR DE JORNAIS – POSSIBILIDADE DE EXISTÊNCIA DE CONTRATO DE TRABALHO, CONCOMITANTEMENTE COM CONTRATO DE LOCAÇÃO DE VEÍCULO OU FRETE – A PROVA DOS AUTOS INDICA QUE HAVIA SUBORDINAÇÃO E DEPENDÊNCIA ECONÔMICA, ALÉM DA PESSOALIDADE E DOS DEMAIS ELEMENTOS CONSIDERADOS PELO LEGISLADOR – ART. 3º CLT – REMUNERAÇÃO EM VALOR INCOMPATÍVEL, INCLUSIVE QUANTO AO ABASTECIMENTO E MANUTENÇÃO DO VEÍCULO. PROCESSO Nº: 02950061502

SUJEITA-SE À LEGISLAÇÃO ESTRANGEIRA, A PRESTAÇÃO DE SERVIÇOS FEITA FORA DO BRASIL, EMBORA A RECLAMAÇÃO POSSA SER MOVIDA AQUI, ONDE OCORREU A CONTRATAÇÃO. PROCESSO Nº: 02860117533

CONTRATO DE TRABALHO. SUSPENSÃO. EXTINÇÃO DA EMPRESA. A EXTINÇÃO DA EMPRESA RESCINDE AUTOMATICAMENTE OS CONTRATOS DOS EMPREGADOS ESTÁVEIS E NÃO ESTÁVEIS E OS SUSPENSOS OU INTERROMPIDOS. AÍ SE FIXA O TERMO FINAL DESSES PACTOS. NOS CONTRATOS SUSPENSOS POR ACIDENTE OU DOENÇA OU APOSENTADORIA PROVISÓRIA, AQUELES DIREITOS INDENIZATÓRIOS SOMENTE SERÃO EXIGÍVEIS SE OCORRER OUTRO EVENTO, OU DE EFETIVA

POSSIBILIDADE DE RETORNO AO SERVIÇO. ANTES DISSO, O EMPREGADO PODERÁ PROPÔR AÇÃO (SEM A ISSO SER OBRIGADO), APENAS PARA ACAUTELAR SEUS INTERESSES, FRENTE AO POSSÍVEL DESAPARECIMENTO DOS SÓCIOS E BENS DA EMPRESA (TRT/SP, RO. 20107/85, VALENTIN CARRION, AC. 8A. TURMA). RO. 20.107/85, VALENTIN CARRION, AC. 8A.TURMA). PROCESSO Nº: 02850201078

O SISTEMA DE TRABALHO TEMPORÁRIO PERMANECE ÍNTEGRO NA LEI; SE A CONTRATAÇÃO E OS PAGAMENTOS A RESPEITAM, OCORRE QUITAÇÃO VÁLIDA. PROCESSO Nº: 02861047431

FÉRIAS

PROVA DAS FÉRIAS USUFRUÍDAS E PAGAS, DEVE SER ESPE-CÍFICA, CLARA E OBJETIVA, POR SE TRATAR DE DIREITO FUNDAMENTAL AO DESCANSO. Documentos com simples registros escritos, sem qualquer assinatura e de feitura unilateral, efetivamente, não servem para comprovar que o autor usufruiu das férias decorrentes do contrato, ainda que tenham sido elaborados pelo próprio autor, o que não restou confirmado nos autos. O ônus da prova era da ré (art. 333, II, do CPC) que dele não se desincumbiu, observando-se que a prova deveria ser específica, clara, objetiva, incontestável, ainda mais, por se tratar de direito fundamental no contrato de trabalho: descanso básico, sem o qual as atividades do trabalhador não se desenvolvem como deveriam, elevado a regra de natureza a constitucional (art. 7º, XVII, da C. Federal). PROCESSO Nº: 00284-2007-045-02-00-9

FÉRIAS - EMPREGADO DOMÉSTICO: O art. 7º, XVII da CF garante descanso anual a todos os trabalhadores e o parágrafo único ao estendê-lo à categoria doméstica sem qualquer restrição, autoriza a aplicação da legislação ordinária de modo integral, inclusive quanto ao módulo concessivo de trinta dias corridos. PROCESSO Nº: 40920-2003-902-02-00-7

FÉRIAS. ABONO. FEBEM. O ABONO DE FÉRIAS CONCEDIDO PELA FEBEM ANTES DE VIGER A CARTA MAGNA DE 1988, AUTORIZADO PELA LEI ESTADUAL N° 185/73 E PELO DECRETO ESTADUAL N° 8.777/76, NÃO SE CONFUNDE COM O TERÇO DE FÉRIAS CONSTITUCIONAL SUPERVENIENTE, SENDO DEVIDO ANTE SUA INCORPORAÇÃO AO CONTRATO DE TRABALHO DOS EMPREGADOS QUE O AUFERIAM. PROCESSO Nº: 02950079231

DOMÉSTICA – FÉRIAS EM DOBRO E PROPORCIONAIS – AUSÊNCIA DE AMPARO LEGAL – O DISPOSTO NO ART. 7º DA CLT IMPÕE A INTERPRETAÇÃO RESTRITIVA DOS DIREITOS CONCEDIDOS AO DOMÉSTICO PELO ART. 7º, XXXIV, PARÁGRAFO ÚNICO, DA CF/88, NÃO FAZENDO JUS A FÉRIAS PROPORCIONAIS OU EM DOBRO. PROCESSO Nº: 02950065818

REFLEXOS NO TERÇO CONSTITUCIONAL. AS VERBAS, OU ADICIONAIS, RECEBIDOS COM HABITUALIDADE, DEVEM REFLETIR TAMBÉM NO TERÇO CONSTITUCIONAL SOBRE AS FÉRIAS, JÁ QUE SEU CÁLCULO TEM POR BASE O VALOR DAS FÉRIAS RECEBIDAS, AINDA QUE PROPORCIONAIS, NOS TERMOS DO § 5º DO ART. 142 DA CLT. PROCESSO Nº: 02940312553

JUSTA CAUSA

DEMISSÃO POR JUSTA CAUSA, EM FACE DE CONDUTAS JÁ PENALIZADAS. CONFIGURAÇÃO DE DUPLA PENALIDADE. ACÓRDÃO Nº: 20080946644

JUSTA CAUSA. Configuração. Requisitos. A justa causa é uma penalidade que pode macular a vida profissional do trabalhador, o que exige maior cuidado na análise dos fatos que a configuram, atribuindo-lhes a gravidade que realmente têm, para que não se incorra em erro, evitando prejuízo irreparável ao empregado. Recurso ordinário do reclamante não provido. ACÓRDÃO Nº: 20080928824

RUPTURA CONTRATUAL. JUSTA CAUSA. ATO DE IMPRO-BIDADE. A subtração ou desvio de dinheiro, pelo empregado, robustamente demonstrada pelo conjunto probatório, do qual emerge, inclusive, padrão de vida incompatível com os ganhos e a realidade social, configura ato atentatório contra o patrimônio do empregador e enseja a dispensa por justa causa, na forma do art. 482, alínea "a", da CLT, sendo indevidas as verbas rescisórias. Justa causa configurada. PROCESSO Nº: 02772-2006-081-02-00-3

JUSTA CAUSA. PROVA ROBUSTA. DESÍDIA GRAVE. Configurada a justa causa na medida em que o reclamante confessou que arrombou o armário de um colega, mediante uso de ferramenta, para utilizar o aparelho de TV que se encontrava guardado, trancado à chave. Ainda que se admita que ouvir rádio e/ou assistir programas de televisão possam configurar procedimentos comuns nas atividades de portaria, especialmente se foram tacitamente admitidos pelo empregador, deve ser ressalvado que o autor era vigia noturno e realizava rondas, sujeito ao cumprimento de tarefas dinâmicas, as quais, pela sua própria natureza, são incompatíveis com o ato de assistir à TV, denunciando negligência na prestação de serviços. A conduta praticada pelo empregado, no sentido de violar o armário de outrem, interfere substancialmente na imprescindível confiança que deve permear a relação empregatícia, pois além da apropriação indevida do aparelho, o direito à privacidade daquele que teve o armário violado foi ostensivamente afrontado. Configurada no presente caso aquela situação denominada por parte da doutrina como desídia grave, consubstanciada em ato único, impactante o suficiente para atrair a punição máxima prevista na legislação trabalhista, sendo mesmo indevidas as verbas rescisórias pretendidas. ACÓRDÃO Nº: <u>20080918802</u>

ESTABILIDADE

ESTABILIDADE DE GESTANTE. GARANTIA CONTRA DISPENSA ARBITRÁRIA OU SEM JUSTA CAUSA. ART. 10, II, B, DO ADCT - CFR/88. O art. 10, inc. II, alínea "b" do Ato das Disposições Constitucionais Transitórias da Constituição Federal da República veda a dispensa arbitrária ou sem justa causa da empregada gestante, desde a confirmação da gravidez até cinco meses após o parto. A proteção, de natureza eminentemente social, visa conferir garantia de emprego à gestante e assim tutelar a subsistência da empregada durante o período gestacional, e desta e de seu bebê, até cinco meses após o parto. A violação da garantia insculpida na Constituição impõe o dever de indenizar, bastando, para tanto, que a trabalhadora ajuíze a demanda no período protegido contra a prescrição, uma vez que o legislador não distinguiu que o pedido deva ser formulado no período da estabilidade. ACÓRDÃO <u>Nº:20080918802</u>

RECURSO ORDINÁRIO. ART. 41/CF. ESTABILIDADE. A Constituição Federal assegura a estabilidade apenas para o funcionário público, ocupante de cargo público. ACÓRDÃO Nº: <u>20080944870</u>

Estabilidade gestante. Responsabilidade objetiva do empregador. Sendo incontroversa a gestação da Autora ao término do pacto laboral, enseja o reconhecimento da garantia de emprego prevista no inciso I, do art. 7º, da CF/88, ainda resguardada pela alínea "b", do inciso II, do art. 10, do ADCT, pouco importando a ciência ou não do empregador. ACÓRDÃO Nº: <u>20080923377</u>

REINTEGRAÇÃO: O ajuizamento de reclamatória objetivando apenas salários, sem que se tenha oferecido a contraprestação de serviços equivalentes, desvirtua-se da finalidade da norma coletiva, não podendo, por isso, ser agasalhada. ACÓRDÃO Nº: 20080922591
Não há estabilidade da gestante no contrato por prazo determinado. PROCESSO Nº: 00255-2006-481-02-00-2

DOENÇA OCUPACIONAL. NEXO DE CAUSALIDADE. Indevida a estabilidade prevista no art. 118 da Lei nº 8.213/91 na hipótese em que a prova pericial, não elidida por nenhuma outra, concluiu que não há nexo de causalidade entre as moléstias das quais a empregada é portadora e a atividade profissional e se o próprio médico que a atendeu, anteriormente, forneceu relatório capaz de certificar que a obreira é portadora de doença (fibromialgia) de origem degenerativa. PROCESSO Nº: 02635-2004-052-02-00-1

EXPLICAÇÃO SOBRE RECLAMAÇÕES TRABALHISTAS

As peças abaixo apresentadas deverão respeitar os requisitos da petição inicial, mas cada uma delas terá um pedido em específico devendo ser elencado na peça.

RECLAMAÇÃO TRABALHISTA COM PEDIDO DE TUTELA ANTECIPADA

Nessa peça o leitor tem que se atentar a apenas um detalhe que existe a confissão por parte da empresa ou trata-se de um direito evidente ao mesmo.

Caso a empresa admita o débito, ou seja, salários atrasados o leitor deverá fazer esse pedido. A base legal é o art. 273 do CPC não se esquecendo de apontar a verossimilhança da alegação, a prova inequívoca e a possibilidade de reversão por parte do Juiz. Além de todos os requisitos constantes na petição inicial deve-se abrir um tópico da tutela antecipada e fazer o referido pedido.

MANDADO DE SEGURANÇA. TUTELA ANTECIPADA. LIVRE-ARBÍTRIO DO JULGADOR. O art. 273 do CPC confere discricionariedade ao Magistrado para conceder ou não a tutela pretendida, e tal juízo de cognição sumária insere-se no livre-arbítrio do julgador, sob pena de afronta à liberdade de apreciação da prova pelo juiz (art. 131 do CPC). Ao Magistrado incumbe a aplicação do direito às circunstâncias da demanda, e nos limites de seu livre convencimento, sendo-lhe permitido valorar o compêndio probatório desde que fundamente a sua decisão. O direito à livre sindicalização trata-se de garantia constitucionalmente assegurada (art. 8º da CF), inexistindo quaisquer indícios a revelar que a exposição das fichas de filiação violariam a intimidade dos associados. PROCESSO Nº: 11367-2008-000-02-00-3

RECLAMAÇÃO TRABALHISTA COM PEDIDO DE TUTELA ESPECÍFICA

Nessa peça além dos requisitos da petição inicial o leitor deverá ter em mente que essa ação deverá ser proposta nas obrigações de fazer e não fazer. Exemplo disso seria para reintegrar qualquer tipo de estabilidade, menos dirigente sindical (que será através de liminar). A base legal dessa peça será o art. 461 do CPC.

Não deve esquecer de pleitear a multa diária em caso de descumprimento a uma ordem judicial.

MANDADO DE SEGURANÇA – OBRIGAÇÃO DE FAZER – MULTA – ASTREINTES. A fixação da multa, na hipótese de descumprimento da obrigação de fazer, não transforma esta, de maneira a alterar o direito alcançado e, muito menos, se presta a legitimar a alternativa de opção entre o cumprimento da obrigação e o pagamento da multa. Concedida a liminar, tal como foi nos autos originários, inclusive com a cominação de multa diária com finalidade coativa, não poderá o empregador esquivar-se de cumprir com a obrigação de reintegrar o dirigente sindical e de manter o contrato de trabalho até "decisão final do processo". A pretensão da litisconsorte, de opção entre a reintegração e o pagamento da multa, não encontra respaldo no inciso X do art. 659 da CLT que, por demais taxativo, se presta não só dar garantia ao dirigente eleito, mas e principalmente para resguardar o exercício livre de um mandato representativo, com preservação da liberdade sindical, colocada acima de questões menores, inclusive de políticas sindicais. PROCESSO Nº: 00474/1998-3

RECLAMAÇÃO TRABALHISTA
COM PEDIDO DE LIMINAR

Nessa peça o aluno deverá se basear no art. 659, IX e X da CLT e será aplicada apenas em duas hipóteses: a) para reintegrar um dirigente sindical ou b) para suspender uma transferência abusiva.

Como essa peça é considerada uma cautelar não se esqueça de colocar o *fumus boni iuris* e o *periculum in mora* no corpo da peça.

Nunca se esqueça: se for para requerer a reintegração peça também os salários que não foram pagos durante o seu afastamento.

MANDADO DE SEGURANÇA – CAUTELAR – LIMINAR – REINTEGRAÇÃO E AUTORIZAÇÃO PARA EX-EMPREGADO DISPENSADO NO PERÍODO ESTABILITÁRIO PARTICIPAR DO PROCESSO DE ELEIÇÃO DA CIPA – INEXISTÊNCIA DE VIOLAÇÃO A DIREITO LÍQUIDO E CERTO. PRESENTES OS REQUISITOS PARA O DEFERIMENTO DA LIMINAR, RELEVÂNCIA DO

FUNDAMENTO DA DEMANDA E O JUSTIFICADO RECEIO DE INEFICÁCIA DO PROVIMENTO FINAL E, CONVENCIDO O MAGISTRADO QUE É O CASO DE SUA CONCESSÃO DIANTE DO PRINCÍPIO DO LIVRE CONVENCIMENTO MOTIVADO (ARTS. 93, IX, CF E 131, CPC) NÃO HÁ QUE SE FALAR EM OFENSA A DIREITO LÍQUIDO E CERTO, SENDO A DENEGAÇÃO DA SEGURANÇA MEDIDA QUE SE IMPÕE. PROCESSO Nº: 10969-2005-000-02-00-0

MANDADO DE SEGURANÇA – ART. 659, INCISO X DA CLT – REINTEGRAÇÃO. Se o magistrado, autor da decisão, poderia conceder liminar de reintegração ao dirigente sindical suspenso ou despedido até o julgamento final do procedimento (reclamatória ou inquérito), com mais razão poderá fazê-lo após as provas e sentença ou na pendência de agravo de instrumento. MANDADO DE SEGURANÇA – REINTEGRAÇÃO – ART. 729 DA CLT. As disposições contidas no art. 729 da CLT, a partir da Lei 9.270/96, dá ao dirigente sindical tratamento diferente daquele concedido aos demais empregados, candidatos à reintegração, antes do trânsito em julgado. Se, antes da lei nova, já havia séria controvérsia a respeito de tais reintegrações, após ela, pelo menos em relação a dirigentes sindicais o direito se consolidou. MANDADO DE SEGURANÇA – REINTEGRAÇÃO – DIREITO INDIVIDUAL – DIREITO DA CATEGORIA PROFISSIONAL. Não está em discussão apenas o direito individual de dirigente sindical (art. 540, § 1º da CLT), mas também e principalmente, aqueles dos integrantes da categoria profissional, como um todo coletivo a exigir a manutenção, ainda que provisória, do contrato de trabalho, preservado o exercício das funções e o desempenho das atividades sindicais (art. 543 da CLT). MANDADO DE SEGURANÇA – IRREVERSIBILIDADE. Reintegrado o dirigente sindical, antes do trânsito, vem ele com seu trabalho, fazendo jus à contraprestação de serviço, afastada a possibilidade de perigo irreversível. PROCESSO Nº: 01861/1997-9

MANDADO DE SEGURANÇA – PERDA DE OBJETO. Considerando que o presente mandado de segurança foi impetrado contra despacho que indeferiu liminar em reclamação trabalhista, proposta pelo impetrante, na qual buscava a imediata reintegração no emprego, por ser portador de estabilidade provisória (dirigente sindical); considerando, ainda, que referida reclamação foi julgada extinta, nos termos do art. 269, IV, do CPC, por ter a autoridade impetrada acolhido a arguição de prescrição, apresentada pela reclamada – decisão essa atualmente pendente de recurso ordinário –, não há como deixar de reconhecer que a ação mandamental perdeu seu objeto, impondo-se, por consequência, sua extinção, com fulcro no disposto no art. 267, VI, do CPC. Mandado de segurança que se julga extinto. PROCESSO Nº: 12339-2004-000-02-00-0

RECLAMAÇÃO TRABALHISTA PELO RITO SUMARÍSSIMO

Nessa peça o leitor deverá se basear pelos arts. 840 § 1º da CLT e 852 A e seguintes da CLT. Como embasamento no corpo da peça seria bom apontar o art. 7º inciso I da CF e o art. 477 da CLT.

Deverá fazer os cálculos das seguintes verbas: saldo de salário, 13º, férias vencidas e proporcionais mais 1/3 CF, aviso prévio, FGTS mais 40 % da multa e multa do art. 477 § 8º da CLT.

Os cálculos deverão ser demonstrados no tópico do pedido

Rito sumaríssimo. Exigências. Submetem-se ao rito sumaríssimo os dissídios individuais descritos no art. 852-A, *caput,* da CLT, quando preenchidos os requisitos objetivos dos incisos I e II, do art. 852-B, do mesmo Diploma Legal. Inadmissível, entretanto, o processamento de forma mista, pelos ritos ordinário e sumaríssimo, ao mesmo tempo, sob pena de nulidade. PROCESSO Nº: 20000314557

SUMARÍSSIMO. Valor da causa (art. 258, CPC c/c art. 769, CLT). Extinção do feito, sem julgamento do mérito. Art. 825-B, inc. I da CLT. O valor da causa deve guardar, obrigatoriamente, íntima relação com a expressão econômica dos pedidos nela pleiteados (art. 258, CPC c/c art. 769, CLT). Ora, inexiste atribuição de valor da causa para "efeitos fiscais" ou conforme apregoam alguns, para "fins de alçada", mormente na realidade atual, onde em razão da lei que rege o procedimento sumaríssimo no processo do trabalho, o valor da causa alcançou sua devida importância, sublimando expedientes anteriores, que por má-fé ou temor a improcedência e pagamento de custas, disfarçavam os adequados e reais valores atinentes aos pedidos da ação. Atribuindo a autora à causa o valor de R$1.000,00, a ação submete-se de imediato ao rito sumaríssimo, instituído pela Lei 9.957/2000. Trata-se de norma de ordem pública, não sendo dado às partes ou mesmo ao próprio juiz optar pelo rito a ser empreendido à ação, adrede fixado na lei. Neste contexto, verificada a ausência da formalidade insculpida no art. 852-B, inc. I da CLT, a extinção do feito, sem julgamento do mérito, foi medida acertada. PROCESSO Nº: 20010156334

INTERVENÇÃO DE TERCEIROS. RITO SUMARÍSSIMO. INCOMPATIBILIDADE. Muito embora a Lei 9.957/2000 não o diga expressamente, tem-se que referida lei, instituidora do rito sumaríssimo na Justiça do Trabalho, referendando, sobretudo, a celeridade na solução das causas trabalhistas de valores iguais ou inferiores a quarenta salários mínimos não admite qualquer modalidade de intervenção de terceiros previstas no CPC. Aliás, consoante doutrina e jurisprudência, tal intervenção não se coadunava com o rito ordinário, conclusão esta cristalizada em recente Orientação Jurisprudencial de nº 227 proveniente da E. SDI, TST, conclamando pela incompatibilidade da denunciação da lide no processos do trabalho. Fosse pouco, temos expressa previsão na Lei instituidora dos Juizados Especiais Cíveis (9099/95), onde inequivocamente abeberou-se a Lei 9.957/2000, vedando qualquer forma de intervenção de terceiro (art. 10). Tem-se, portanto, por incabível o aludido chamamento ao processo referido pela recorrente e previsto nos arts. 77 a 80 do CPC no rito sumaríssimo. Preliminar de cerceio de defesa que se afasta. PROCESSO Nº: 20010305240

PROCEDIMENTO SUMARÍSSIMO. AÇÃO DE CUMPRIMENTO. A Lei nº 9.957, que instituiu o procedimento sumaríssimo, não faz distinção quanto à matéria contida na ação proposta pela parte. Não dispõe que a ação de cumprimento será processada pelo rito ordinário. A referida norma só faz distinção quanto ao valor e não quanto à matéria. Quando o legislador não distingue, não cabe ao intérprete fazê-lo. A parte não tem direito de escolher o procedimento que quer para a ação proposta na Justiça do Trabalho. Logo, a ação proposta deve ser proposta pelo rito sumaríssimo, pois o valor dado à causa está abaixo de quarenta salários mínimos. Ação de cumprimento é dissídio individual e não coletivo, pois as partes na presente ação são duas pessoas individualizadas: sindicato e empresa. Se o valor da causa é inferior a quarenta salários mínimos, a ação é processada sob o rito sumaríssimo. A matéria é de ordem pública. PROCESSO Nº: 02823-2002-202-02-00-8

SUMARÍSSIMO. DESCARACTERIZAÇÃO. Não se justifica o arquivamento de reclamação trabalhista com fundamento do inciso I do § 1º do art. 852-B da CLT, se a parte líquida do pedido já excede em muito o limite de quarenta salários mínimos. Irrelevante a atribuição à causa de valor inferior ao limite legal, eis que este deverá corresponder à somatória de todos os pedidos, nos termos do inciso II do art. 259 do CPC, cabendo ao juiz corrigi-lo de ofício, quando se constituir em expediente do autor, destinado a desviar o rito procedimental adequado. Processo de rito ordinário trabalhista, equivocadamente examinado como sumaríssimo. Recurso provido. PROCESSO Nº: 20000307941

RECLAMAÇÃO TRABALHISTA COM PEDIDO DE RESCISÃO INDIRETA

Nesta peça o leitor deverá se basear nos arts. 840 § 1º da CLT e 483 da CLT. Sempre será proposta pelo empregado em face da empresa que cometeu uma justa causa.

O pedido sempre será de rescisão do contrato de trabalho com o pagamento das verbas rescisórias (saldo de salário, 13º, férias vencidas e proporcionais mais 1/3 CF, aviso prévio, FGTS mais 40 % da multa). Se o empregado sofreu algum prejuízo poderá pleitear nessa peça o dano moral, com base no art. 5º inciso V e X da CF e art. 186 do NCCB.

RESCISÃO INDIRETA. ANOTAÇÃO DE CARGO INFERIOR. PAGAMENTO DE SALÁRIO INFERIOR AO PISO DA CATEGORIA. A falta de anotação na CTPS, do cargo efetivamente ocupado na empresa, bem como o pagamento de salário inferior ao piso, por adoção pela empresa de norma coletiva incorreta autorizam a rescisão indireta do contrato de trabalho por culpa grave patronal (art. 483, CLT). Ressaltam como obrigações mínimas do pacto laboral a prestação dos serviços contratados pelo empregado e a remuneração respectiva pelo empregador. Se a empresa paga salários inferiores ao piso da categoria, o descumprimento do contrato é evidente, além de provocar grandes prejuízos, face ao caráter alimentar do salário, necessário ao sustento e sobrevivência do trabalhador. Os descumprimentos reiterados, renovados mês a mês, efetivamente tornam insustentável a manutenção do contrato, dando ensejo à rescisão indireta. Não se há falar em perdão tácito do empregado aos descumprimentos contratuais reiterados do empregador, em similaridade à situação do empregador ante a falta grave do empregado, vez que em face da situação de dependência econômica não se pode exigir imediato insurgimento do empregado. PROCESSO Nº: 00803-2006-073-02-00-7

EMENTA 1: PERÍODO ANTERIOR AO REGISTRO NA CTPS DO RECLAMANTE – RECONHECIMENTO DO VÍNCULO DE EMPREGO – O autor não logrou provar seu labor no período que antecedeu ao registro em sua CTPS, através do depoimento de sua testemunha, na audiência inaugural, a teor do que dispõem o art. 818 da CLT combinado com o inciso I do art. 333 do CPC. Assim, nego provimento ao apelo no particular. EMENTA 2: RESCISÃO INDIRETA. O reconhecimento da justa causa patronal exige a demonstração de motivos graves e relevantes inviabilizadores da manutenção do contrato, aí inserido o descumprimento de obrigações fundamentais, a exemplo da sonegação de salários e/ou do registro da CTPS. Não se amolda neste contexto a fruição de férias, o gozo integral do intervalo intrajornada e a desistência da concessão do vale-transporte supostamente impostos ao reclamante pela reclamada. Justa causa patronal não configurada. PROCESSO Nº: 01745-2005-010-02-00-5

RESCISÃO INDIRETA OU ABANDONO DE EMPREGO. O simples fato de não se ter reconhecido a rescisão indireta, por si só não implica no abandono do emprego. Este caracteriza-se pela extinção do contrato por ato tácito de vontade do empregado, o que não ocorreu no caso *sub judice*. A empregada manifestou de imediato sua intenção de não mais retornar ao emprego, ao ajuizar a presente ação no mesmo dia da ruptura. Não é possível enquadrar o ato da obreira na figura da justa causa por abandono do emprego, tampouco por desídia, por tratar-se de ato único, decorrente da própria conduta empresarial. PROCESSO Nº: 00155-2005-021-02-00-9
RECURSO ORDINÁRIO. RESCISÃO INDIRETA. NÃO CONFIGU-RAÇÃO. HORAS EXTRAS. NÃO INDICAÇÃO DAS DIFERENÇAS. ÔNUS DO RECLAMANTE. I - Para a configuração da rescisão indireta do contrato de trabalho, devem evidenciar-se nos autos os elementos caracterizadores da falta grave praticada pelo empregador. O ônus de demonstrar tal ocorrência compete ao reclamante, a teor do disposto nos arts. 818 da CLT e 333, I, do

CPC. Não comprovado o ato lesivo da honra e da boa fama do reclamante, não há que se falar em rescisão indireta do contrato de trabalho. II - Juntados aos autos os cartões de ponto e os recibos de pagamento, competia ao autor indicar precisamente onde teria havido mourejo em sobrejornada pois seu é o ônus de demonstrá-lo (art. 818 da CLT), não cabendo ao Magistrado garimpar provas em favor da parte, sob pena de se inviabilizar a prestação jurisdicional, além de colidir com o constitucional dever de imparcialidade. PROCESSO Nº: 00398-2007-317-02-00-4

RESCISÃO INDIRETA. CONTRATO DE TRABALHO RECONHE-CIDO NA JUSTIÇA. O reconhecimento da relação de emprego em sede judicial, após debate por conta de alegação de trabalho cooperado, não impede, antes corrobora, a decretação da rescisão indireta do contrato, por óbvias e continuadas violações das obrigações contratuais decorrentes do expediente fraudulento adotado. RECURSO ORDINÁRIO PROVIDO. PROCESSO Nº: 01089-2004-005-02-00-4

RESCISÃO INDIRETA. INFRAÇÕES DIVERSAS E GENERA-LIZADAS. NÃO CONFIGURAÇÃO. As infrações imputadas às reclamadas remontam à admissão dos reclamantes. Todavia, em caso de rescisão indireta é imperativo que se observe, também, o princípio da imediatidade, isto é, que o empregado se insurja logo após o cometimento do ato doloso por parte do empregador, que impossibilite a continuidade da relação de emprego. PROCESSO Nº: 00379-2007-462-02-00-0

DANO MORAL

DANO MORAL. NEXO CAUSAL NÃO CARACTERIZADO. INDENIZAÇÃO INDEVIDA: "Caracteriza-se dano moral, quando a dor experimentada pelo trabalhador é fruto de ação culposa ou dolosa da ré. Se o prejuízo à integridade física ou psíquica do empregado não está relacionada a uma conduta comissiva ou omissiva do empregador, não há que falar em reparação. A indenização por dano moral e material exige a presença dos elementos que configuram a responsabilidade do empregador, ou seja: a ação ou omissão, o dano, o nexo causal e a existência de culpa ou dolo do agente. E essa não é a hipótese destes autos em que o acidente sofrido pelo autor ocorreu por sua própria culpa, pois atuou com imprudência e negligência". Recurso ordinário da empregadora a que se dá provimento. PROCESSO Nº: 00070-2006-384-02-00-9

JUSTIÇA GRATUITA – ISENÇÃO DE CUSTAS: "Os benefícios da justiça gratuita são propiciados, neste Juízo Especializado, ao trabalhador que, em qualquer momento do procedimento judicial, declare seu estado de miserabilidade, nos termos da lei". Agravo de instrumento a que se dá provimento. 2. PROVA PERICIAL. INEXISTÊNCIA DE INSALUBRIDADE: "Constatado pelo Sr. Perito que a empresa fornece, no local de trabalho, equipamentos de proteção individual aos funcionários, e que são efetivamente por eles utilizados, não procede o pleito de adicional de insalubridade". DANO MORAL. DOENÇA PROFISSIONAL. INDENIZAÇÃO DEVIDA: "Inexistentes os elementos que configuram a responsabilidade do empregador, ou seja, a ação ou omissão, o dano, o nexo causal entre a doença e as atividades desenvolvidas pelo trabalhador e a existência de culpa ou dolo do agente, incabível reparação pecuniária por dano". Recurso ordinário a que se nega provimento. ACÓRDÃO Nº: 20080944358

DANOS MATERIAIS E MORAIS DECORRENTES DE DOENÇA PROFISSIONAL. INAPLICÁVEL A PRESCRIÇÃO TRABALHISTA: "As ações de indenização por danos materiais e morais, decorrentes de acidente de trabalho ou doença profissional, não estão sujeitas ao prazo prescricional previsto no art. 7º, inciso XXIX, da Constituição Federal, pois a pretensão nelas deduzida, ainda que decorrente da relação de emprego, não possui natureza trabalhista. Na realidade, as reparações acidentárias decorrem de danos pessoais, cuja natureza é de direito fundamental (CF, arts. 5º, incisos V e X, e 7º, XXVIII). Ainda que decorrentes da relação de trabalho, não constituem crédito trabalhista *stricto sensu*, devendo ser aplicados, à hipótese, os prazos fixados pela legislação civil. Assim, se a ação foi ajuizada já na vigência do Código Civil de 2002, há que se observar a prescrição decenal do art. 205, observado, ainda, o disposto no art. 2.028." Recurso ordinário a que se dá provimento para afastar a prescrição. PROCESSO Nº: 00574-2007-253-02-00-3

INQUÉRITO PARA APURAÇÃO DE FALTA GRAVE

Essa ação será proposta pelo empregador em face do empregado estável que cometeu uma justa causa.

A base legal dessa peça é o art. 853 da CLT.

Deverão ser abertos os seguintes tópicos:

a) resumo dos fatos;
b) da garantia de emprego ao requerido;
c) da falta grave cometida;
d) pedido;
e) requerimentos finais.

O pedido deverá conter o acolhimento da falta grave cometida pelo empregado e a rescisão do contrato de trabalho por justa causa e sendo devido apenas o saldo de salário e as férias vencidas se houverem.

Essa ação deverá ser proposta na vara do trabalho na localidade em que foi cometida a falta grave.

CIPEIRO E DIRIGENTE SINDICAL – DISPENSA POR FALTA GRAVE – DESNECESSIDADE DE INSTAURAÇÃO DE INQUÉRITO – O FATO DE SEREM O CIPEIRO E O SINDICALISTA

DETENTORES DE ESTABILIDADE NÃO IMPÕE A NECESSIDADE DE INSTAURAÇÃO DE INQUÉRITO PARA APURAÇÃO DE FALTA GRAVE, CONSTITUINDO TAL HIPÓTESE SIMPLES OPÇÃO DA EMPRESA, EIS QUE A LEI PRESSUPÕE AQUELE EXPEDIENTE APENAS PARA O TRABALHADOR PROTEGIDO PELA ESTABILIDADE DECENAL, ANTERIOR À LEI DO FGTS. PROCESSO Nº: 02940313983

DIRIGENTE SINDICAL – INEXISTÊNCIA DE JUSTA CAUSA – EM INQUÉRITO JUDICIAL A REQUERENTE NÃO FEZ NENHUMA PROVA DOCUMENTAL NO SENTIDO DE QUE CUMPRIA SUAS OBRIGAÇÕES CONTRATUAIS, LIMITANDO-SE A JUNTAR AOS AUTOS CARTAS DE ADVERTÊNCIA E DE SUSPENSÃO UNILATERAIS. A PROVA TESTEMUNHAL FOI CONTRADI-TÓRIA. INEXISTINDO PROVA ROBUSTA DA JUSTA CAUSA, IMPROCEDENTE O INQUÉRITO. PROCESSO Nº: 02940290444

INQUÉRITO PARA APURAÇÃO DE FALTA GRAVE. DANO MO-RAL. NÃO SE ENQUADRA COMO DANO MORAL O ATO DO EMPREGADOR QUE SUSPENDE O CONTRATO DO EMPREGADO ESTÁVEL PARA APURAR FALTA GRAVE. A IMPROCEDÊNCIA DO INQUÉRITO É UMA CIRCUNSTÂNCIA FÁTICA E NÃO SE CONFUNDE COM A OFENSA DANOSA À MORAL OU A IMAGEM DO TRABALHADOR (CF, ART. 5º,V). PROCESSO Nº: 02940407023

FALTA GRAVE APURADA EM INQUÉRITO E GARANTIA PRÓPRIA DOS ESTÁVEIS DECENAIS, CUJO DIREITO FOI ADQUIRIDO ANTES DA CF/88. NÃO HÁ FALAR NA AMPLIAÇÃO DESSA GARANTIA AOS DIRIGENTES SINDICAIS, JÁ QUE O PRÓPRIO DIREITO, CUJA EXTENSÃO SE PRETENDE NÃO MAIS SUBSISTE, EM FACE DA CF/88, RESPEITADAS AS SITUAÇÕES JURÍDICAS CONSOLIDADAS EM 5.10.88. 2) NEGLIGÊNCIA TRADUZIDA EM ATO ÚNICO, PRATICADO POR EMPREGADO COM SETE ANOS DE SERVIÇO, SEM MÁCULA ANTERIOR,

NÃO CARACTERIZA FALTA GRAVE SUFICIENTE PARA O ROMPIMENTO CONTRATUAL DA JUSTA CAUSA. PROCESSO Nº: 02940419110

AÇÃO RESCISÓRIA

Essa ação deverá ser proposta apenas no TRT ou no TST (Súmula 100 do TST). Sempre terá como objeto rescindir e pleitear um novo julgamento de uma sentença ou acórdão que está viciada (art. 485 do CPC).

O leitor não poderá esquecer de apontar o pagamento do depósito de 20% sobre o valor da causa ou da condenação, exceto se for beneficiário da justiça gratuita.

As partes se chamam requerente e requerido e podem pedir a concessão da liminar (para evitar a execução de bens) conforme Súmula 405 do TST. Nessa hipótese deverá ser demonstrado o *fumus boni iuris* e o *periculum in mora*.

Não se coloca revelia e confissão nessa peça processual.

"EXECUÇÃO. SENTENÇA DE MÉRITO FUNDADA EM DISSÍDIO COLETIVO EXTINTO EM GRAU DE RECURSO. AÇÃO RESCISÓRIA IMPROCEDENTE. COISA JULGADA FORMAL E MATERIAL. VERBAS DEFERIDAS, REFLEXOS E MULTAS À EXECUTAR. Sentença de mérito que deferiu diferenças salariais, seus reflexos e multas, fundada em dissídio coletivo que, em sede recursal, foi extinto sem resolução do mérito, desde que transitada em julgado formal e materialmente, prevalece e enseja a execução dos valores apurados àqueles títulos. O recurso interposto à sentença normativa não gera efeito suspensivo e a modificação dessa decisão não importa na devolução dos valores pagos, o mesmo tratamento merecendo aqueles créditos formados sob a sua égide, ainda que não tenham sido quitados, face à autoridade da coisa julgada. Aplicação do art. 5º, XXXVI, da CF". PROCESSO Nº: 00841-1990-039-02-00-0

INSS. AGRAVO DE PETIÇÃO. IMPROVIDO. A conciliação entabulada na fase liquidatória ou executória do título judicial substitui a sentença transitada em julgado, passando a constituir novo título executivo judicial. Trata-se de modalidade novação (art. 360, I, do CC). O acordo homologado possui força de decisão irrecorrível, nos termos do art. 831, parágrafo único da CLT, facultada ao Órgão Previdenciário a discussão dos valores da cota previdenciária devida relativamente ao título executivo, *in casu*, o acordo homologado, não mais havendo que se falar no título executivo anterior que restou substituído. A revisão dos termos do acordo homologado somente pode ser feita via ação rescisória, nos termos do art. 836 da CLT. Agravo de petição improvido. PROCESSO Nº: 02113-1997-317-02-00-7

EXECUÇÃO – PRAZO – IMPOSSIBILIDADE DE SUA MODI-FICAÇÃO OU SUPRESSÃO APÓS A HOMOLOGAÇÃO DA AVENÇA. Tendo sido previsto, no acordo, prazo de trinta dias, após o vencimento da última parcela a ser paga, para a exequente comunicar seu inadimplemento nos autos, sob pena de quitação. O descumprimento da obrigação assumida dentro do interregno assinalado é suficiente para configurar a extinção da execução. Note-se que a decisão que homologa o acordo somente pode ser atacada através de ação rescisória (Súmulas 100, inciso V, e 259, do C. TST), motivo pelo qual, após a homologação do acordo, nem as partes e nem o próprio juiz poderão modificar as cláusulas, tudo na forma dos arts. 831, parágrafo único, e 836, da CLT. PROCESSO Nº: 01524-2003-074-02-00-4

AÇÃO COMINATÓRIA

Essa peça processual deverá ser proposta na vara do trabalho. Tem como base legal o art. 287 do CPC. E só tem um cabimento quando o empregado pede demissão, recebe os valores mas não retorna para homologar a rescisão do contrato de trabalho. É uma ação proposta pelo empregador em face do empregado e este poderá apresentar a contestação e reconvenção.

MULTA DIÁRIA (ASTREINTES). OBRIGAÇÃO DE FAZER. CABIMENTO. Tratando-se de obrigação de fazer (liberação do FGTS acrescido da multa de 40% e da guia do seguro-desemprego), a fixação da multa cominatória prevista no art. 461, § 4º, do CPC, objetiva compelir o devedor ao cumprimento da obrigação imposta na sentença, após seu trânsito em julgado, e quando decorrido o prazo estabelecido para cumprimento da obrigação, de forma a assegurar a efetividade da tutela jurisdicional. PROCESSO Nº: 00825-2005-312-02-00-0

AGRAVO DE INSTRUMENTO. Art. 195 do CPC. A cominação do art. 195 do CPC deve ser interpretada estritamente, em face da sua natureza cominatória, não autorizando interpretação que leve ao não processamento de recurso ordinário apresentado dentro do prazo previsto no art. 895, "a", da CLT, inexistindo norma legal que autorize o excessivo rigor adotado na instância de origem. Desta forma, merece provimento o agravo de instrumento que objetiva o conhecimento do recurso ordinário interposto, não obstante o atraso na devolução dos autos pelo recorrente. PROCESSO Nº: 04142-2006-089-02-01-7

AÇÃO DE COBRANÇA

Esse meio processual poderá ser proposto pelo trabalhador que não recebeu os valores pertinentes ao trabalho realizado.

Deverá ser proposta na vara do trabalho e o seu pedido é em tese o recebimento dos valores oriundos a relação de trabalho, como por exemplo prestadores de serviço, autônomos, cooperados, diaristas, etc. A empresa também poderá ingressar com essa peça para cobrar valores devidos pelo empregado. Exemplo: Empréstimo não pago.

A base legal seria os arts. 233 e 389 do NCCB.

NÃO USE A CLT NESSA PEÇA!

AÇÃO CAUTELAR DE EXIBIÇÃO DE DOCUMENTOS. CABIMENTO: "Incabível ação cautelar de exibição de documentos, visando o posterior ajuizamento de ação de cobrança de contribuições sindicais. Na ação cautelar para exibição de documentos, outro objetivo não há a ser perseguido senão o probatório. A se admitir a pretensão na forma como posta, teria o sindicato profissional poderes para promover verdadeira devassa na documentação de qualquer empresa". Recurso ordinário a que se nega provimento. PROCESSO Nº: 00947-2007-008-02-00-5

Ação de cobrança de contribuição sindical. Sindicatos da categoria econômica. Representatividade. O Ministério do Trabalho e Emprego, ao conceder o registro sindical, atua somente no âmbito administrativo, cabendo ao poder Judiciário decidir sobre a efetiva representatividade sindical conforme a base territorial, bem como todas as questões afetas a tal representatividade (art. 114, III, da CF). A pretensão do Sindicato em definir o enquadramento sindical simplesmente pela quantidade de empregados da empresa afronta a definição legal de categoria, seja econômica, seja profissional, conforme definido nos §§ 1º e 2º do art. 511 da CLT. Os arts. 578 e 579 celetistas são taxativos ao imporem o recolhimento da contribuição sindical em favor do sindicato representativo da respectiva categoria econômica ou profissional, não se tratando de faculdade a ser exercida pela empresa. PROCESSO Nº: 00201-2007-067-02-00-9

DISSÍDIO COLETIVO

Essa peça será proposta apenas por três pessoas: a) empresa, b) sindicato ou c) Ministério Público do Trabalho. Deverá ser proposta para o presidente do tribunal (TRT ou TST).

Nessa peça deverá ficar demonstrado que as partes não entraram num acordo. Sua base legal é o art. 856 e seguintes da CLT. Se for para questionar greve use a Lei 7.783/89, Lei da greve.

Não se coloca revelia e nem confissão. Não use a palavra condenação pois essa ação sua natureza é meramente constitutiva. É utilizada essa peça principalmente para requerer ao tribunal a declaração de uma greve.

DISSÍDIO COLETIVO DE NATUREZA ECONÔMICA. I. COMUM ACORDO NÃO SIGNIFICA, NECESSARIAMENTE, PETIÇÃO CONJUNTA. ART. 114 § 2º, CF. INTERPRETAÇÃO HISTÓRICA. Aplicação do princípio da inevitabilidade da jurisdição (art. 5º, XXXV/ CF). Negociação infrutífera. Concordância tácita à atuação da jurisdição. Precedente desta E. SDC. II. IRREGULARIDADE NA ATA DA ASSEMBLEIA GERAL DOS TRABALHADORES. O PRAZO ESTATUTÁRIO ENTRE A PUBLICAÇÃO DO EDITAL E A REALIZAÇÃO DA AGT NÃO FOI OBSERVADO. OJ n.º 35/ SDC/TST. DISCREPÂNCIA ENTRE OS TERMOS DO EDITAL E O TEOR DA AGT, NO QUE DIZ RESPEITO À VIGÊNCIA. É imprescindível que haja coerência entre o edital e AGT, o que não ocorre na espécie. "O edital de convocação da categoria e a respectiva ata da AGT constituem peças essenciais à instauração do processo de dissídio coletivo." É o que consta da OJ nº 29 SDC/ TST. Dissídio coletivo que se declara extinto sem julgamento do mérito. PROCESSO Nº: 20124-2005-000-02-00-3

DISSÍDIO COLETIVO ECONÔMICO. COMUM ACORDO. Faculdade: A faculdade de ajuizamento conjunto (de comum acordo) não exclui o ajuizamento unilateral, cujo amparo decorre de cláusula pétrea constitucional, até porque estabelecer a exigência do prévio comum acordo como *conditio sine qua non* para a instauração do dissídio coletivo implica forjar uma antinomia entre o art. 114 e a cláusula pétrea da indeclinabilidade da jurisdição, contemplada no inciso XXXV do art. 5º da Carta Magna, resumida no princípio segundo o qual a lei não excluirá da apreciação do Poder Judiciário lesão ou ameaça a direito. 2) Categoria diferenciada. Parte legítima: os trabalhadores que tenham condições de vida singulares e possuem estatuto profissional próprio e distinto daqueles pertencentes às categorias profissionais preponderantes nas empresas onde se ativam, integram uma categoria profissional diferenciada, nos termos previstos no § 3º, do art. 511 da CLT. 3) Quorum. Art. 612, da CLT: Obedecido o quorum estatutário, não há que se falar em descumprimento da norma contida no art. 612, da CLT, uma vez que o quorum mínimo ali previsto não foi recepcionado pelo art. 8º, da Constituição Federal, sendo certo que as Orientações Jurisprudenciais nº 13 e 21, da SDC, do C. TST, foram canceladas. 4) Negociação prévia. Exaurimento: o não comparecimento a reunião agendada junto à Delegacia Regional do Trabalho impossibilita qualquer composição e a ausência de acordo perante o Tribunal, demonstra, inequivocamente, o exaurimento da negociação prévia. 5) Sindicato estadual. Múltiplas assembleias. Desnecessidade. Edital veiculado por jornal de circulação estadual: uma vez obedecidas as normas estatutárias, é desnecessária a realização de múltiplas assembleias, uma vez que se trata de questão *interna corporis*, ressaltando-se que a OJ nº 14, da SDC, do C. TST, foi cancelada. Tendo sido publicado o edital em jornal de circulação em toda a base territorial do sindicato, observa-se o cumprimento à OJ nº 28, da SDC, do C. TST. 6) Data-base. Manutenção. Prazo previsto pelo art. 616, § 3º, da CLT: a data-base já reconhecida na norma coletiva anterior deve ser mantida, até mesmo para evitar maiores disparidades ou dificuldades no próprio seio da atividade econômica, que firma normas coletivas com os demais empregados na mesma data-base. Porém, sendo o dissídio coletivo ajuizado fora do prazo previsto pelo art. 616, § 3º, da CLT, e não tendo o suscitante noticiado protesto ou acordo garantindo a vigência a partir da data-base, a norma proferida vigerá a partir de sua publicação, nos termos do art. 867, parágrafo único, "a", da CLT. 7) Manutenção de cláusulas preexistentes. Aplicação dos Precedentes do Tribunal: dissídio coletivo que se julga parcialmente procedente. PROCESSO Nº: 20222-2005-000-02-00-0

DISSÍDIO COLETIVO. NÃO SE APLICAM AO EMPREGADO DECISÕES NORMATIVAS DA CATEGORIA PROFISSIONAL A QUE ELE NÃO PERTENCE. PROCESSO Nº: 02940326023

AÇÃO DE CUMPRIMENTO

Essa peça tem como base o art. 872 da CLT e seu objetivo é fazer cumprir um acordo, convenção ou sentença normativa. Deverá ser ajuizada na vara do trabalho, e sua natureza é condenatória.

Deverão ser juntados os documentos que comprovem o referido direito (acordo, convenção ou sentença normativa).

Segue o modelo de uma reclamação trabalhista, mas as partes chamam-se requerente e requerido.

Não se esqueça de pedir a multa diária "astreinte" em caso de não cumprimento da decisão cabe recurso ordinário para o TRT.

RECURSO ORDINÁRIO. AÇÃO DE CUMPRIMENTO. Contribuição assistencial. O art. 513, "e" da CLT não autoriza o sindicato a criar novos tributos. Art. 462. da CLT. Exigência de autorização prévia e escrita para o desconto salarial a título de contribuição assistencial. PROCESSO Nº: 01778-2007-074-02-00-6

CONVENÇÕES E ACORDOS COLETIVOS DE TRABALHO. OBRIGATORIEDADE DO DEPÓSITO ADMINISTRATIVO. ART. 614, § 1.º, DA CLT. É certo que o depósito administrativo dos Acordos e Convenções Coletivas é obrigatório, nos termos do que dispõe o art. 614, § 1.º, da Consolidação das Leis do Trabalho. Todavia, não se pode olvidar que referidos instrumentos normativos são comuns às partes celebrantes, mesmo porque sua prova em juízo pode ser feita através de fotocópia simples, nos termos do que dispõe a Orientação Jurisprudencial 36 da SDI-I do Tribunal Superior do Trabalho. Nessa conformidade, tendo a reclamada alegado em contestação que o Sindicato profissional não comprovou o depósito e registro sindical das normas coletivas no Ministério do Trabalho e Emprego, sem contestar em momento algum a veracidade do conteúdo de tais normas coletivas, inverte-se o ônus da prova, devendo a reclamada comprovar a irregularidade administrativa alegada, através da respectiva certidão negativa do órgão público incumbido do depósito em questão. PROCESSO Nº: 01253-2006-312-02-00-8

AÇÃO DE CUMPRIMENTO. LEGITIMIDADE ATIVA. O sindicato é o autor legítimo, por excelência, para propositura de ações de cumprimento. Se é legítimo para pedir a restituição de um direito previsto em norma coletiva é indevidamente suprimido, curial que também o é para requerer o pagamento de parcelas não adimplidas desse mesmo direito. É contraditório afirmar ilegitimidade e ao mesmo tempo deferir parcialmente o direito controvertido. RECURSO ORDINÁRIO PROVIDO. Ementa: AÇÃO DE CUMPRIMENTO. FORMA DO PEDIDO. O autor de uma ação formula o pedido como entender melhor. O Direito do Trabalho trata de relações continuativas que, às vezes, envolvem milhares de pessoas prejudicadas por um ato ou uma série de atos, que atingem toda uma categoria ou apenas fração dela, e o Poder Judiciário deve estar preparado para responder ao caso concreto de maneira concreta. A individualização de direitos é matéria que atine mais à execução que ao conhecimento, que este deve tomar a questão de forma global e solucioná-la de forma terminativa, evitando a solução fácil da extinção sem resolução do mérito quando presentes as condições para adentrá-lo. RECURSO ORDINÁRIO PROVIDO. PROCESSO Nº: 01025-2006-049-02-00-0

AÇÃO DE CUMPRIMENTO – RECEITAS SINDICAIS – PROSSEGUIMENTO DA EXECUÇÃO SOBRE OS BENS DOS SÓCIOS DA EXECUTADA. POSSIBILIDADE: "A aplicação da teoria da despersonalização da pessoa jurídica não está restrita ao crédito trabalhista, alcançando também a execução de receitas sindicais, quando constatada a inexistência de patrimônio da devedora suficiente para honrar o débito constituído, tendo sido recepcionada pelo Código Civil de 2002 (art. 50)". Agravo de petição a que se dá provimento. PROCESSO Nº: 00737-1993-013-02-00-6

AÇÃO DE CUMPRIMENTO. CABIMENTO. A ação de cumprimento tem previsão expressa no art. 872 da CLT, não se prestando a compelir a empresa ré a cumprir comandos legais abstratos que nem sequer foram reproduzidos nas normas coletivas da categoria. Recurso ordinário a que se nega provimento PROCESSO Nº: 01031-2007-047-02-00-5

RECURSO ORDINÁRIO. AÇÃO DE CUMPRIMENTO. CLÁUSULA DE CONVENÇÃO COLETIVA ACERCA DA CONTRIBUIÇÃO ASSISTENCIAL. FALTA DE CLAREZA ACERCA DO SEU CABIMENTO EM RELAÇÃO A TODOS OS INTEGRANTES DA CATEGORIA. Não obstante a convicção de que a cobrança da contribuição assistencial dos não associados ao sindicato não fere o princípio da liberdade sindical albergado no art. 8.º da Constituição Federal, não se pode olvidar que essa matéria não é pacífica nos Tribunais. Por essa razão, nos instrumentos normativos celebrados pelas partes, as cláusulas que fixarem o desconto de contribuições a serem recolhidas pelos empregadores junto aos seus funcionários, não podem deixar dúvidas acerca de seu cabimento em relação a todos os trabalhadores integrantes da categoria profissional. Na hipótese de haver dúvida não será possível exigir do empregador o desconto da contribuição assistencial de todos os empregados independentemente de filiação à entidade sindical. PROCESSO Nº: 01077-2006-078-02-00-1

MANDADO DE SEGURANÇA

Esse é um remédio constitucional que está no art. 5º LXIX da CF e Lei 1.533/51 e seu objetivo é de anular ou evitar um ato abusivo por parte do poder público.

Atenção que com a nova redação do art. 114 da CF será cabível essa peça na Vara do Trabalho, TRT ou TST, dependendo da autoridade coatora.

Não se esqueça de colocar o *fumus* e o *periculum* para a concessão da liminar e o direito líquido e certo para comprovar o direito do cliente.

As partes se chamam impetrante e impetrado.

NÃO SE COLOCA DAS PROVAS.

A notificação da dita autoridade coatora, em ação de mandado de segurança, não induz litispendência face à natureza da tutela que se pretende, não excluindo portanto a possibilidade de ajuizamento de ação para reparação patrimonial em sede própria. PROCESSO Nº: 02970352715

MANDADO DE SEGURANÇA – LEGITIMIDADE DA AUTORIDADE APONTADA COATORA. A autoridade apontada coatora no Mandado de Segurança, em trâmite perante a Justiça Laboral, como regra, é o ato judicial praticado pelas Varas do Trabalho de 1º grau de jurisdição e apenas excepcionalmente para outras autoridades quando indiscutível a existência de objeto material de Direito do Trabalho. O Presidente do Tribunal de Contas do

Município, mesmo atuando como empregador, não é autoridade coatora passiva sujeita à jurisdição do mandado de segurança trabalhista, muito embora possa ser referido Tribunal réu perante a Justiça do Trabalho. Mandado de Segurança que se julga extinto.
PROCESSO Nº: 01017/2000-0

MANDADO DE SEGURANÇA – Ausência de notificação da litisconsorte necessária – Falta de adoção de providência debitável ao impetrante – Extinção do feito sem julgamento do mérito. Tratando-se, como na espécie, de mandado de segurança impetrado contra ato judicial, a parte antagonista do impetrante no processo principal é litisconsorte passiva necessária na ação mandamental, porquanto suscetível de ter a sua esfera jurídica atingida por eventual concessão da segurança. A notificação da litisconsorte passiva necessária, assim, insere-se entre os pressupostos de constituição válida da relação processual do mandado de segurança. O não-atendimento dessa providência notificatória, debitável exclusivamente ao impetrante, que, apesar de intimado duas vezes para viabilizar a referida finalidade, deixa de fornecer o endereço atualizado da litisconsorte, implica a inexorável extinção do feito sem julgamento de mérito, nos termos do art. 267, IV, do CPC. Mandado de segurança extinto sem julgamento do mérito.
PROCESSO Nº: 10157-2003-000-02-00-3

MANDADO DE SEGURANÇA – Ausência de notificação do litisconsorte necessário – Falta de adoção de providência debitável exclusivamente ao impetrante – Extinção do feito sem julgamento do mérito. Tratando-se, como na espécie, de mandado de segurança impetrado contra ato judicial, a parte autora no processo principal figura como litisconsorte passiva necessária na ação mandamental, porquanto suscetível de ter a sua esfera jurídica atingida por eventual concessão da segurança. A notificação do litisconsorte passivo necessário, assim, insere-se entre os pressupostos de constituição válida da relação processual do mandado de segurança.

O não-atendimento dessa providência notificatória, debitável exclusivamente ao impetrante (apesar de intimado duas vezes para viabilizar a referida finalidade), implica a inexorável extinção do feito sem prospecção meritória, nos termos do art. 267, IV, do CPC. Mandado de segurança extinto sem julgamento do mérito. PROCESSO Nº: 10917-2004-000-02-00-3

MANDADO DE SEGURANÇA – Cabimento – O Mandado de Segurança, segundo os ditames do art. 5º, II, da Lei 1.533/51, em regra, somente pode ser utilizado, quando inexiste previsão de recurso a impugnar o ato pretensamente violador do direito. O elastecimento das hipóteses de mandado de segurança contra decisões passíveis de recurso é indesejável e só pode ser deferida em situações excepcionais em que haja possibilidade de dano iminente. Mandado de Segurança – Penhora em dinheiro – A ordem estabelecida no art. 655 do Código de Processo Civil não é meramente enunciativa, só podendo ser alterada com a concordância expressa do credor, não havendo cogitar de direito líquido e certo à impetrante que deseja substituir garantia em dinheiro por penhora em outros bens. PROCESSO Nº: 02064/2001-1

MANDADO DE SEGURANÇA – Cabimento. O mandado de segurança, segundo os ditames do art. 5º, II, da Lei 1.533/51, em regra, somente pode ser utilizado quando inexiste previsão de recurso a impugnar o ato pretensamente violador do direito. 2) Mandado de Segurança – Decisão Transitada em Julgado. O teor da Súmula 268 do STF e do Enunciado 33 do TST, não cabe mandado de segurança contra decisão transitada em julgado. PROCESSO Nº: 11817-2002-000-02-00-2

MANDADO DE SEGURANÇA CONTRA DECISÃO PROFERIDA EM MANDADO DE SEGURANÇA – NÃO CABIMENTO – Incabível mandado de segurança contra decisão proferida em mandado de segurança, por haver recurso próprio previsto legalmente, sob pena de usurpação de competência do Tribunal Superior. Esbarra a medida nos óbices das disposições contidas nos arts. 471 do Código de Processo Civil e 5º, II, da Lei nº 1.533/51. PROCESSO Nº: 01327/2000-7

AÇÃO POSSESSÓRIA

Será cabível na Justiça do Trabalho, tendo em vista que o art. 114 da CF alterou de sobremaneira a competência da justiça do trabalho. A base legal está no CPC principalmente nos art. 920 e seguintes.

Existem três tipos dessa ação: a) interdito proibitório b) manutenção da posse e c) reintegração de posse.

O pedido em tese visa assegurar a propriedade e a posse do requerente.

EMENTA – ACIDENTE DE TRABALHO – AVISO PRÉVIO – SUSPENSÃO DO CONTRATO DE TRABALHO. AÇÃO DE REINTEGRAÇÃO DE POSSE – IMÓVEL OCUPADO PELO ZELADOR DE CONDOMÍNIO RESIDENCIAL. A ocorrência de acidente no curso do aviso prévio trabalhado desobriga o empregador ao fornecimento da moradia utilizada para o desempenho da função de zelador, pois, durante o período de suspensão do contrato de trabalho, não há prestação de serviços. PROCESSO Nº: 01145-2004-402-02-00-4

MANDADO DE SEGURANÇA. Ação rescisória que sustou efeitos da adjudicação. Ocupação do imóvel pelo exequente. Mandado de reintegração de posse. A extinção da ação rescisória, que havia motivado a cautelar para a sustação dos efeitos da adjudicação, remove o entrave ao prosseguimento da execução, determinando a perda do objeto da medida. Prejudicado fica, assim, o mandado de reintegração de posse do imóvel. Mandado de segurança que se extingue sem julgamento de mérito (CPC, art. 267, VI). PROCESSO Nº: 11264-2005-000-02-00-0

Dano moral. Desocupação de imóvel utilizado por zelador de condomínio. Ordem judicial. Ato lícito. Reparação não devida. Cláusula normativa que condiciona a desocupação do imóvel em prazo contado da rescisão do contrato, e não da integral quitação de diferença de multa do FGTS. A rescisão se opera com o término do período do aviso prévio, independentemente do direito a qualquer reparação contratual. Desocupação determinada judicialmente em ação de reintegração de posse. Ato lícito, regularmente praticado, sem ofensa à dignidade do trabalhador. Ocupação cujo prosseguimento resultou em exercício arbitrário das próprias razões. Dano moral ao trabalhador não configurado. Sentença mantida. PROCESSO Nº: 01204-2003-401-02-00-7

COMPETÊNCIA DA JUSTIÇA DO TRABALHO. Residência do zelador em condomínio de apartamentos. Ação de reintegração de posse. É a Justiça do Trabalho competente para analisar ação de reintegração de posse fundada em pedido de desocupação de imóvel, decorrente de contrato de trabalho, em que o zelador reside no imóvel. A questão decorre da interpretação do art. 114 da Constituição. PROCESSO Nº: 00878-2003-009-02-00-2

AÇÕES CAUTELARES.

Nessas ações o objetivo é ter uma eficácia rápida da Justiça diante de um problema urgente.

A base legal está nos arts. 796 do CPC e seguintes e existem várias modalidades: arresto, sequestro, busca e apreensão, protesto e antecipação de provas.

Não se olvide de pedir a liminar, mas temos que provar com o *fumus* e *periculum in mora*.

Essa ação deverá ser proposta sempre onde se encontra o processo (na VT ou nos Tribunais). Diante desse fato, além de requerer a tutela de urgência poderá ser usada essa peça para requerer o efeito suspensivo a um recurso na fase de conhecimento Súmula 414 do TST.

Sua natureza é de ação e assim sendo respeite os requisitos do art. 282 do CPC.

NÃO USE A CLT NESSA PEÇA.

PEDIDO DE ARRESTO – FALÊNCIA DA RECLAMADA – Tendo ocorrido a falência da empresa, não se sustenta a pretensão dos reclamantes, de arrestar bem de propriedade da reclamada, pois com a decretação da falência, os bens da ré passaram a integrar o acervo da massa falida. Aplicação da Lei n.º 11.101/2005, art. 22, inciso III, "c" e "f" e art. 116, inciso I. Recurso a que se nega provimento. PROCESSO Nº: 00128-2006-010-02-00-3

Processo cautelar. Arresto no curso do processo principal, antes da sentença. Improcedência. Para a concessão de arresto é necessária a ocorrência simultânea das duas condições fixadas nos incisos I e II do art. 814 do CPC, não sendo suficiente a ocorrência de apenas uma. PROCESSO Nº: 01621-2006-044-02-00-8

PENHORA DE IMÓVEL HIPOTECADO. A possibilidade da penhora na execução trabalhista recair sobre bem hipotecado (art. 333, II, do CC) e a inexistência da expropriação do bem, mesmo que interposta medida cautelar de arresto por outro credor perante a Justiça comum, afastam alegada violação ao devido processo legal. Cumpre salientar, por oportuno, que o crédito trabalhista tem preferência perante aquele decorrente do direito real de garantia, nos termos do art. 613 do CPC c.c. art. 83, I e II, da Lei nº 11.101/05. PROCESSO Nº: 01382-2007-261-02-00-9

MEDIDA CAUTELAR DE ARRESTO. RESERVA DE CRÉDITO. PRESSUPOSTO. A ausência de prova literal da dívida líquida e certa impõe o indeferimento da providência cautelar requerida, consubstanciada em arresto para reserva de crédito. O critério para o efetivo recebimento de direitos, na falência, é a definitividade do crédito. Já para efeito de inclusão no rol dos credores, basta uma sentença que confira direitos, ainda que provisória, pendente de recurso. A inexistência de sentença condenatória – fato incontroverso – configura obstáculo intransponível à pretensão de reserva de créditos. Aplicação do art. 814 do CPC. PROCESSO Nº: 01215-2007-318-02-00-4

CONFLITO NEGATIVO DE COMPETÊNCIA. Não há conexão e nem continência entre reclamação trabalhista proposta por empregado e ação cautelar de produção antecipada de provas ajuizada pelo sindicato profissional. Por conseguinte, não configurada a prevenção. PROCESSO Nº: 11262-2008-000-02-00-4

Nulidade. Cerceamento do direito à produção de provas. Constitui cerceamento do direito à produção de provas a aplicação antecipada da pena de confissão ao reclamante que chega à audiência com pequeno atraso, antes da proposta conciliatória, bem como o indeferimento da oitiva de testemunhas, as quais não foram intimadas na forma do Provimento por atraso da Secretaria da Vara na emissão das notificações. A convicção antecipada do Magistrado, ainda que este tenha por escopo atender ao princípio da celeridade processual, não pode impedir a oitiva de testemunhas nem a formulação de perguntas relevantes para o deslinde da questão. A dispensa da prova oral configura desserviço ao rápido andamento do feito e atravancamento do Judiciário com procedimentos que não atendem ao fim social do Direito do Trabalho. PROCESSO Nº: 02530-2002-063-02-00-4

DISSÍDIO COLETIVO. RECURSO ORDINÁRIO RECEBIDO NO EFEITO SUSPENSIVO. Não é exigível a cláusula normativa inserida em sentença normativa que pende de julgamento de recurso ordinário recebido no efeito suspensivo. INDENIZAÇÃO. SUPRESSÃO DE HORAS EXTRAS. SÚMULA N. 291, DO TST. A indenização prevista na Súmula n. 291 do TST pressupõe a supressão de horas extras, ou seja, que o labor extraordinário não mais é exigido e prestado pelo trabalhador, o que não se verificou na hipótese dos autos. Basta que se diga que o autor também formulou pedido de diferenças de horas extras. DIFERENÇAS DE HORAS EXTRAS. Além de desfundamentado o apelo, observo que o reclamante usufruía de folga semanal regular e quando isso não ocorria recebia o pagamento de 100%. HONORÁRIOS PERICIAIS. Não cabe condenação ao pagamento de honorários periciais pela parte sucumbente no objeto da perícia, se ela for beneficiária da Justiça gratuita, hipótese em que o os honorários periciais deverão ser custeados nos termos do Provimento GP/CR 4/2007, de 04/07/2007. ADICIONAL DE INSALUBRIDADE. POEIRA (TRIGO). A poeira da farinha, conquanto prejudicial à saúde, não está reconhecida pelo regulamento aprovado pelo Ministério do Trabalho como agente insalubre. Inteligência do art. 193 *caput* da CLT. Recurso ordinário a que se nega provimento. PROCESSO Nº: 02202-2006-472-02-00-5

Medida cautelar, com vista à concessão de efeito suspensivo a recurso ordinário. A reintegração determinada na referida sentença não fere direito líquido e certo da requerente, tendo em vista que o direito de despedir empregados não é absoluto. Nenhum prejuízo irreparável lhe está sendo imposto, porque os salários pagos terão a contrapartida do serviço prestado. PROCESSO Nº: 00124-2008-000-02-00-0

HABEAS-CORPUS

Remédio constitucional que tem seu embasamento nos arts. 5º LXXIII e 114, IV da CF e tem o escopo de evitar ou de soltar uma pessoa que está injustamente presa.

Essa ação deverá ser proposta para o Presidente do TRT ou TST e poderá ser preventivo ou liberatório.

Normalmente é utilizado para infiel depositário, falso testemunho ou ainda desacato à autoridade.

A ordem da prisão deve ser feita por Juiz do Trabalho.

Sua natureza é de ação.

DEPOSITÁRIO FIEL. Constrição de mesmo bem móvel em Juízos diversos. Desoneração do múnus público. Ocorrendo a constrição simultânea, com o transcurso dos procedimentos executivos, a entrega do bem, decorrente da extinção ou satisfação parcial da execução, retira do nomeado o encargo de fiel depositário, cessando a exigibilidade da obrigação em ambos os Juízos (múnus público). Daí afigurar-se ilegal a pena restritiva de liberdade, por malferido o preceito insculpido no art. 5º, *caput* da Constituição Federal. Salvo-conduto concedido de forma definitiva. PROCESSO Nº: 10531-2008-000-02-00-5

HABEAS-CORPUS PREVENTIVO. CARACTERIZAÇÃO DA INFIDELIDADE DO DEPÓSITO. LEGALIDADE DA ORDEM PRISIONAL. É dever do depositário judicial restituir os bens sob sua guarda nas mesmas condições que lhes foram entregues (art. 692 CC), não constituindo, assim, ilegalidade, a ordem prisional decretada em razão do descumprimento dessa obrigação. Ordem prisional legal. Denegação do salvo-conduto. PROCESSO Nº: 11175-2008-000-02-00-7

HABEAS-CORPUS PREVENTIVO. CARACTERIZAÇÃO DA INFIDELIDADE DO DEPÓSITO. LEGALIDADE DA ORDEM

PRISIONAL. Paciente depositário de bem que não justifica o motivo da recusa no cumprimento do mandado de entrega de bem em seu poder. Desídia caracterizada. Ordem prisional legal. Denegação do salvo-conduto. PROCESSO Nº: 10597-2008-000-02-00-5

HABEAS-CORPUS PREVENTIVO. DEPOSITÁRIO INFIEL. PENHORA SOBRE VEÍCULO APREENDIDO EM FACE DE MULTAS E LICENCIAMENTOS ATRASADOS. RESPONSABILIDADE DO DEPOSITÁRIO FACE AO RISCO ASSUMIDO AO PERMITIR A CIRCULAÇÃO DO VEÍCULO NESSAS CONDIÇÕES. Em se tratando de penhora sobre automóvel que ficou sob a responsabilidade do paciente, fiel depositário, apreendido por constar com multas e licenciamentos atrasados, impertinente a ordem de habeas-corpus pretendida, pois, sabedor dessas irregularidades o paciente permitiu que o veículo permanecesse circulando pelas vias públicas, sujeito à interpelação da autoridade de trânsito, assumindo o risco de vê-lo apreendido, ao invés de deixá-lo depositado para entregá-lo ao depositante. Mesmo que não tenha constado do auto de penhora ou do edital de praça e leilão a existência dessas multas e licenciamentos pendentes, o paciente deve tomar as medidas necessárias para a liberação do bem, pois sua obrigação é a de entregá-lo quando solicitado (art. 627, CC). *Habeas corpus* que se nega. PROCESSO Nº: 13795-2007-000-02-00-0

Fiel depositário. Inadimplência de acordo após a penhora. O acordo firmado após a penhora não cessa a responsabilidade do paciente compromissado na condição de fiel depositário que descumpriu com seu mister. PROCESSO Nº: 11075-2008-000-02-00-0

AÇÃO REVISIONAL

Essa peça deverá ser proposta na vara do trabalho e tem como objetivo revisar uma decisão transitada em julgado que tenha uma situação continuativa e que tenha alguma mudança.

Sua base legal está no art. 471, I do CPC e normalmente é utilizada para condenações que envolvam insalubridade.

Deverá requerer a revisão da decisão já transitada em julgado e requerer o desarquivamento do processo principal, além de requerer nova perícia no local de trabalho.

ADICIONAL DE INSALUBRIDADE – AÇÃO REVISIONAL: "Confessando o obreiro, através de depoimento pessoal, que não se utilizava de equipamento de proteção, diariamente ofertado pela reclamada, hábil a proteção do agente insalubre, mantém-se a decisão originária que desobrigou a empresa de pagar ao obreiro o adicional de insalubridade e reflexos". Recurso ordinário do laborista a que se nega provimento. PROCESSO Nº: 00478-2005-463-02-00-7

TRASLADO DEFICIENTE. AUTENTICAÇÃO DE PEÇAS. As cópias que compõem os autos em apartado deverão portar fé mediante autenticação, uma a uma, no anverso ou verso, ou mediante declaração firmada pelo advogado, sob sua responsabilidade pessoal. Conforme art. 830, da CLT e o item IX da Instrução Normativa nº 16, editada pela Resolução nº 89/99, de 26/08/99, do TST, aplicável por analogia, a inobservância dessa formalidade leva ao não conhecimento da medida revisional. É ônus da parte a correta composição do caderno processual à parte, por ocasião da interposição do apelo, sendo inadmissível a conversão do julgamento em diligência para emenda da deficiência, por isso que recurso não é ato urgente. PROCESSO Nº: 00187-1994-018-02-01-0

AÇÃO DE CONSIGNAÇÃO EM PAGAMENTO

Essa peça é proposta pelo devedor em face do credor e tem como objetivo depositar um valor ou um objeto que o consignado não pretende aceitar.

A base legal são os arts. 890 e seguintes da CLT.

Deverá ser proposta na vara do trabalho que o empregado trabalhou. Seu pedido é para que seja feito o depósito em até cinco dias da concessão da liminar.

COMPETÊNCIA MATERIAL DA JUSTIÇA DO TRABALHO – AÇÃO DE CONSIGNAÇÃO EM PAGAMENTO ENTRE EMPRESAS E SINDICATO – Nos termos do art. 114, IX da Constituição Federal, a Justiça do Trabalho somente pode ter competência material para julgar lide entre pessoas jurídicas, referentes à discussão sobre contrato de prestação de serviços entre a tomadora e prestadora dos serviços, com advento de lei específica porquanto este tipo de lide apenas decorre do contrato de trabalho, mas não é oriunda do mesmo. Recurso desprovido. PROCESSO Nº: 00768-2007-372-02-00-5

Ação de consignação em pagamento. Quitação judicial. Limites. No Processo do Trabalho a quitação que o empregador obtém na consignação em pagamento está limitada às verbas e valores consignados, permitindo-se a discussão quanto ao direito por diferenças das verbas pagas e outras verbas não pagas em ação própria. Incabível a eficácia liberatória geral pretendia por incompatível com o art. 477, § 2º da CLT. Inteligência do art. 8º, parágrafo único e art. 769, ambos da CLT. PROCESSO Nº: 02104-2007-021-02-00-3

MULTA DO ART. 477, DA CONSOLIDAÇÃO DAS LEIS DO TRABALHO. MORA DO CREDOR. A mora do credor não isenta o devedor de sua obrigação, pois este tem interesse em seu cumprimento. Assim, querendo quitar sua dívida cujo pagamento é recusado injustamente pelo credor, deve propor ação de consignação em pagamento, como forma de evitar a *mora debitoris* nos termos do art. 335, inciso I do Código Civil e, não o fazendo, responde pelas consequências do pagamento serôdio. PROCESSO Nº: 00443-2007-471-02-00-4

AÇÃO DE CONSIGNAÇÃO EM PAGAMENTO. EXISTÊNCIA DE ACORDO CELEBRADO ANTERIORMENTE À DISTRIBUIÇÃO DA AÇÃO. LIDE SIMULADA. MULTA POR LITIGÂNCIA DE MÁ-FÉ. – Convencendo-se o magistrado de que autor e réu se serviram do processo para praticar ato simulado, autorizado está a proferir sentença que obste os objetivos escusos das partes (art. 129 do CPC). – Aquele que altera a verdade dos fatos e submete à apreciação do Judiciário lide inexistente litiga de má-fé e deve ser penalizado por tal conduta (art. 17, II, c/c art. 14, ambos do CPC). – Recurso improvido. PROCESSO Nº: 01731-2005-021-02-00-5

CONSIGNAÇÃO EM PAGAMENTO. ART. 896, II, DO CPC. RECUSA JUSTA. Não tendo sido provido o recurso interposto pela empregadora na reclamação trabalhista ajuizada pelo empregado, na qual se reconheceu a estabilidade no emprego, justa é a recusa do recebimento das verbas rescisórias. Recurso ordinário a que se nega provimento, no aspecto. PROCESSO Nº: 00166-2003-065-02-00-1

AÇÃO DE CONSIGNAÇÃO EM PAGAMENTO. ALEGAÇÃO, PELO RÉU, DE QUE A RECUSA FOI JUSTA (CPC, ART. 896, II). "Contestada a ação de consignação em pagamento, sob a alegação de que a recusa na homologação da rescisão contratual foi justa, porque o trabalhador estava em estado de enfermidade, competia ao réu o ônus probatório desse fato impeditivo (CPC, art. 333, II). A prova deve ser suficiente de sorte a não deixar dúvida, não servindo, a tanto, atestado médico elaborado 26 (vinte e seis) dias após a demissão." HOMOLOGAÇÃO NÃO REALIZADA PELO SINDICATO, SOB O ARGUMENTO DE QUE O TRABALHADOR ESTAVA ACOMETIDO DE ENFERMIDADE. "O art. 477, § 1º, da CLT, estabelece que a rescisão do contrato de trabalho do empregado com mais de um ano de serviço deverá contar com a assistência da entidade de classe, não prevendo, a norma legal, qualquer hipótese de recusa por parte dos sindicatos profissionais, ainda mais quando a recusa se dá sem amparo em prova documental hábil." Recurso ordinário a que se nega provimento. PROCESSO Nº: 02151-2005-441-02-00-2

RECLAMAÇÃO CORREICIONAL (CORREIÇÃO PARCIAL)

Essa peça deverá ser endereçada para o Juiz corregedor do TRT ou TST e seu único pedido é a apuração dos atos realizados pelo magistrado.

Sua base é o art. 709, II da CLT.

Natureza de ação.

MANDADO DE SEGURANÇA. INCABÍVEL CONTRA *ERROR IN PROCEDENDO*, CONTRA ATO QUESTIONADO EM CORREIÇÃO PARCIAL ARQUIVADA POR AUSÊNCIA DE PROCURAÇÃO DO SUBSCRITOR DA INICIAL. Descabe impetrar mandado de segurança para sanar *error in procedendo*, quanto ao qual cabível reclamação correicional que foi arquivada em face de o subscritor da inicial não ter procuração nos autos principais. O mandado de segurança não serve de subterfúgio para reabrir prazo já escoado, não se prestando para reavivar discussão acobertada pela preclusão. PROCESSO Nº: 11043-2008-000-02-00-5

A matéria trazida no mandado é adstrita ao processo de conhecimento. Foi sujeita a decisão, inclusive correição Parcial. Não é possível pela via do heróico interferir na jurisdição quando estão disponíveis para o interessado os recursos próprios da via ordinária. Processo que se extingue. PROCESSO Nº: 11141-2007-000-02-00-1

Agravo regimental em decisão correicional: "Incabível correição parcial quando o ato corrigindo envolve convencimento judicial na direção do processo, não caracterizando *error in procedendo*. Agravo regimental a que se nega provimento. PROCESSO Nº: 10574-2007-000-02-00-0

CORREIÇÃO PARCIAL – INCABÍVEL: "Tendo em vista a oposição de embargos à execução e impugnação à conta de liquidação não se configura *error in procedendo*, o indeferimento do pedido de liberação de valor depositado, face aos termos do art. 791, do CPC". Agravo regimental a que se nega provimento. PROCESSO Nº: 11727-2007-000-02-00-6

AGRAVO REGIMENTAL DE DECISÃO CORREICIONAL PARCIAL-MENTE PROCEDENTE. 1. REQUISITO DE ADMISSIBILIDADE RECURSAL NÃO PREVISTO EM LEI. A determinação constante da sentença, no sentido de que a execução provisória transcorra nos autos principais e impondo à ré a responsabilidade pela formação do instrumento, como requisito de admissibilidade de recurso ordinário a ser porventura interposto, reclama a necessidade de correição parcial, visto que não impugnável pelas vias ordinárias. Afronta a boa ordem procedimental determinação que contraria disposição legal expressa, devendo ser desconsiderada. 2. PRAZO RECURSAL. O prazo para que as partes ofereçam recurso ordinário é comum e peremptório. Logo, constitui-se *error in procedendo* seu estabelecimento de forma sucessiva, haja vista que compete ao Juízo *ad quem* realizar o juízo definitivo de admissibilidade recursal, havendo prejuízo à parte que não obedecer o prazo na forma prevista em lei. 3. ALERTA SOBRE EMBARGOS PROTE-LATÓRIOS. O alerta constante da sentença no sentido de que não há necessidade de embargos para prequestionar não justifica correição parcial, sendo certo que, aplicada multa por litigância de má-fé, é passível a reforma da decisão por intermédio de recurso próprio. PROCESSO Nº: 12358-2006-000-02-00-8

DICAS SOBRE AS RESPOSTAS

O leitor deverá ter em mente que existem três tipos de respostas. Contestação, exceção e reconvenção.

O objetivo é defender o eventual cliente ponto a ponto, ou seja, a cada pedido feito pelo autor, deverá ter uma defesa específica.

Não se pode fazer uma defesa com negativa geral, do gênero: "...os valores não são devidos como será provado na audiência...". O leitor deverá especificar melhor. Ou seja, quanto mais tópicos tiver a peça melhor será para visualizar a defesa como um todo.

CONTESTAÇÃO

Essa peça processual deverá ser proposta no local que se encontra a reclamação trabalhista.

Sua base legal seriam os arts. 847 da CLT e 300 do CPC.

Essa defesa normalmente tem três partes:

a) preliminares exemplo: inépcia. Peça extinção do processo sem resolução de mérito; poderá ser atacada nessa preliminar a exceção absoluta em razão da matéria ou funcional;

b) prejudiciais de mérito: deve ser alegado, dentre outros pedidos, a prescrição e a decadência. Pleitea-se a extinção do processo com resolução de mérito ;

c) mérito ataca-se o próprio pedido. Exemplo: do não cabimento das horas extras por se tratar de cargo de confiança. Deverá ser requerido a improcedência do pedido.

Na contestação ainda requer a compensação dos valores já pagos inclusive os fiscais e previdenciários.

Protesta pelas provas.

EXCEÇÃO DE INCOMPETÊNCIA RELATIVA EM RAZÃO DO LUGAR

Essa peça incidental ao processo deverá ser apresentada sempre junto com a contestação (ou seja, na audiência).

Deverá ser pleiteado apenas um pedido da remessa do processo para a vara competente.

Sua base legal está nos arts. 615 da CLT e 112 do CPC. É uma simples petição com apenas esse pedido de remessa.

Nesse mesmo sentido temos a exceção de suspeição e impedimento em que teremos apenas uma peça incidente com apenas um pedido de declaração do Juiz para se declarar suspeito ou impedido.

CITAÇÃO - EXCEÇÃO DE INCOMPETÊNCIA EM RAZÃO DO LUGAR. Não há que se falar em renovação de citação, na hipótese de acolhimento de exceção de incompetência em razão do lugar, quando já citado regularmente o reclamado. PROCESSO Nº: 00892-2007-373-02-00-7

AGRAVO DE INSTRUMENTO. CITAÇÃO (NOTIFICAÇÃO). A procedência da exceção de incompetência em razão do lugar e a remessa dos autos a outra Vara não obriga esta à expedição de nova citação (notificação). A ciência ao advogado, como ocorreu, é suficiente para a finalidade. PROCESSO Nº: 00036-2007-372-02-01-8

MANDADO DE SEGURANÇA. Competência. Local da prestação de serviços. Decisão proferida em exceção de incompetência em razão do lugar pelo juízo de primeiro grau não comporta qualquer recurso imediato, mas apenas a final, depois de apreciado o mérito, e sob a forma de preliminar de recurso ordinário. É o que se depreende do art. 799, § 2º, da CLT, *in verbis*: "Das decisões sobre exceções de suspeição e incompetência, salvo, quanto a estas, se terminativas do feito, não caberá recurso, podendo, no

Livro I - Aspectos Teóricos

entanto, as partes alegá-las novamente no recurso que couber da decisão final." Incabível o manuseio do mandamus com a mesma finalidade. Mandado que se extingue sem julgamento de mérito. PROCESSO Nº: 14202-2005-000-02-00-0

EXCEÇÃO DE INCOMPETÊNCIA EM RAZÃO DO LUGAR. COMPETENTE JUÍZO DO LOCAL DA CONTRATAÇÃO. INTE-LIGÊNCIA DO § 3º DO ART. 651 DO DIPLOMA CONSOLIDADO. SEGURANÇA CONCEDIDA. O local onde o reclamante foi contratado e no qual reside, é o lugar mais acessível para ingressar em juízo para pleitear seus alegados direitos, embora diverso do da prestação de serviços, tendo em vista a preservação de um dos mais relevantes princípios assegurados constitucionalmente, qual seja, o acesso à Justiça. PROCESSO Nº: 10312-2006-000-02-00-4

MANDADO DE SEGURANÇA. EXCEÇÃO DE INCOMPETÊNCIA EM RAZÃO DO LUGAR. EMPREGADO DETÉM A FACULDADE DE PROPOR A RECLAMAÇÃO TRABALHISTA NO FORO DO LOCAL DA CONTRATAÇÃO OU NO DA PRESTAÇÃO DE SERVIÇOS. No § 3º do art. 651, da CLT, consta que nos casos do empregador desenvolver atividades fora do local da contratação será atribuída ao empregado a faculdade legal de optar entre o foro da celebração do contrato de trabalho ou o da prestação de serviços. É fácil inferir que o objetivo da norma em destaque foi assegurar ao empregado o pleno acesso ao Poder Judiciário (inciso XXXV do art. 5º, da CF). O empregado que presta serviços em localidade diversa daquela na qual foi contratado tem direito líquido e certo ao privilégio de foro previsto no § 3º do art. 651, da CLT, sendo-lhe facultado propor a reclamação trabalhista no foro do local da contratação ou no da prestação de serviços. PROCESSO Nº: 13968-2005-000-02-00-8

MANDADO DE SEGURANÇA - IMPUGNAÇÃO AO ACOLHI-MENTO DE EXCEÇÃO DE INCOMPETÊNCIA EM RAZÃO DO

LUGAR - Tendo sido o impetrante/reclamante contratado em Salvador - BA, local onde se situa a sede do reclamado, e não havendo nos autos qualquer prova de que tenha efetivamente prestado serviços na cidade de São Paulo durante o período em que teve vigência o contrato celebrado entre as partes, não se cogita a existência de direito líquido e certo do mesmo de que seja a ação trabalhista de origem processada e julgada nesta última Comarca, não padecendo de ilegalidade o acolhimento da exceção de incompetência em razão do lugar e a determinação de remessa dos autos a uma das Varas da Comarca de Salvador. PROCESSO Nº: 13364-2005-000-02-00-1

RECONVENÇÃO

O velho conceito dessa peça que está no art. 315 do CPC não muda, é uma ação dentro da ação já existente. Sua natureza é de ação. Assim deve-se respeitar os requisitos da petição inicial, conforme art. 282 do CPC.

As partes se chamam reconvinte e reconvindo. E o pedido é para pagamento de algum valor ou ainda para devolução de algum objeto.

RECONVENÇÃO EM RITO SUMARÍSSIMO - É cabível a reconvenção em rito sumaríssimo nesta Justiça Especializada, haja vista que a Lei que instituiu tal rito não impôs restrições, bem como pelo fato de ser inaplicável a Lei 9.099/95, eis que a mesma refere-se aos Juizados Especiais Cíveis e Criminais. PROCESSO Nº: 00583-2006-006-02-00-0

RECONVENÇÃO - DEVOLUÇÃO DE EMPRÉSTIMO EFETUADO POR PESSOA FÍSICA - Denota-se do processado que o empréstimo não foi efetuado pela reclamada, mas sim pelo sócios desta, sendo certo que as pessoas físicas não se confundem com a pessoa jurídica que estas formam. PROCESSO Nº: 01221-2004-316-02-00-6

DICAS PARA RECURSOS TRABALHISTAS.

1- No recurso trabalhista o leitor sempre deverá lembrar da seguinte regra: temos duas peças, uma de interposição e outra de razões. A peça de interposição deverá ser endereçada para o Juízo *a quo* (aquele que proferiu a decisão) e as razões para o Juízo *ad quem* (para o tribunal competente para rever a decisão).

2- O recurso poderá ter o pagamento do preparo (custas e depósito recursal). Lembrando que na fase de execução apenas serão recolhidas as custas processuais, salvo isenção pela justiça gratuita.

3- Os recursos poderão usar dois verbos, ou anular (se houve um erro no procedimento, por exemplo, falta de intimação das partes) ou reforma (para uma segunda opinião).

4- Os recursos têm a seguinte estrutura.

a) na peça de interposição: endereçamento, qualificação simples, tempestivamente, inconformado, interposição, base legal, razões e preparo;

b) nas razões: o endereçamento, a saudação, o resumo, preliminares e o pedido de reforma, além do conhecido e provido.

5- Para não errar o endereçamento do recurso lembre-se onde você está (peça de interposição) e para onde você quer ir (peça de razões).

6- Baseie-se sempre no recurso ordinário pois nele está toda a estrutura de todos os recursos, o restante é cópia com apenas algum detalhe diferente.

NULIDADE. CERCEAMENTO DO DIREITO DE DEFESA. VIOLAÇÃO AOS PRINCÍPIOS CONSTITUCIONAIS DO CONTRADITÓRIO E DA AMPLA DEFESA. Demonstrado que o reclamante protestou oportunamente pela produção de provas imprescindíveis ao deslinde da questão e o Juízo indeferiu injustificadamente a realização de audiência de instrução, julgando antecipadamente a lide tem-se por configurada nulidade processual, pois o autor foi ostensivamente prejudicado no tocante à prova. Patente a violação aos princípios constitucionais do contraditório e da ampla defesa, erigidos ao *status* de direito social, conforme insculpido no art. 5º, incisos LIV e LV, impondo a nulidade do processado. PROCESSO Nº: 02831-2004-020-02-00-1

CERCEAMENTO DE DEFESA- PROVA PERICIAL - VALIDADE - Prestados esclarecimentos elucidativos e incontestáveis pela perita judicial acerca da inexistência de nocividade no ambiente de trabalho do reclamante, tem-se por válida a perícia, não havendo que se cogitar, *in casu*, em cerceamento de defesa, tampouco afronta ao princípio do contraditório e da ampla defesa, impondo a rejeição da preliminar arguida pelo recorrente. PROCESSO Nº: 01157-2005-066-02-00-6

CONTRADITÓRIO MITIGADO. POSSIBILIDADE DE SANEAMENTO. Reclamada que tem ciência tardia acerca do aditamento da inicial, porém tem devolvida a oportunidade de defesa, não sofre prejuízo irreparável, capaz de levar à nulidade dos atos processuais. Havendo irregularidade sanável e ausência de afronta à norma de ordem pública, não há que se falar em nulidade. Recurso ordinário não provido. PROCESSO Nº: 01051-2006-065-02-00-7

DEPOIMENTO PESSOAL. MATÉRIA FÁTICA RELEVANTE E CONTROVERTIDA. INDEFERIMENTO. CERCEAMENTO DE DEFESA. Há que distinguir entre a faculdade do Juiz que preside a instrução, de interrogar ou não os litigantes, e a obrigação da autoridade judicial – sob pena de caracterização do cerceamento de defesa – de tomar o DEPOIMENTO da parte quando este tenha sido REQUERIDO COMO PROVA pelo adversário com o fito de obter a confissão real sobre A MATÉRIA FÁTICA RELEVANTE E CONTROVERTIDA. Aplicação dos arts. 848 da CLT, 332 e 343 do CPC, e 5º, inciso LV, da Constituição Federal. PROCESSO Nº: 00219-2008-030-02-00-5

RECURSO ORDINÁRIO

Esse recurso, ao nosso ver, é o mais importante. São duas peças (interposição e razões).

A peça de interposição deverá ir para o Juízo *a que* e as razões para o juízo *ad quem*.

Peça a anulação e/ou a reforma da decisão proferida. Sua base legal é o art. 895, alíneas "a" ou "b" da CLT.

RECURSO DE REVISTA

Esse recurso tem o escopo de reformar uma decisão proferida num determinado TRT. Sua base legal é o art. 896 da CLT.

A peça de interposição deverá ser endereçada para o presidente do TRT e as razões para a turma do TST. Somente poderá ser discutida matéria de direito, ou seja, o confronto da decisão com artigo de lei.

Esse recurso só cabe em processos que tiveram origem na vara do trabalho ou vara cível e que tenham julgamento no TRT.

Deverão ser respeitados os seguintes requisitos: prequestionamento Súmula 297 do TST; transcendência art. 896 "a" da CLT e IN 23/2003 do TST.

AGRAVO DE INSTRUMENTO

Esse recurso só terá uma finalidade: destrancar recurso que foi denegado seguimento para uma outra instância. A peça de interposição será para o Juízo *a quo* e as razões para o *ad quem*.

Deverão ser juntadas as peças obrigatórias e facultativas conforme art. 897, "b" § 5º da CLT. (Apenas na Interposição.)

Seu pedido é apenas a remessa do processo para o tribunal competente e seu imediato julgamento.

AGRAVO DE PETIÇÃO. INTIMAÇÃO DA R. SENTENÇA. EXPEDIÇÃO DE OFÍCIOS. Somente em oportunidades nas quais o juiz decide definitivamente em execução de sentença é que o legislador enseja a interposição de agravo de petição. Art. 897, "a", § 1º, da CLT. PROCESSO Nº: 01269-2007-373-02-01-4

AGRAVO DE INSTRUMENTO EM RECURSO ORDINÁRIO. DEPÓSITO RECURSAL EFETUADO EM DESATENDIMENTO AO ART. 381 do PROVIMENTO GP/CR Nº 13/2006. DESERÇÃO. ART. 899, §§ 4º/5º/CLT. IN 26/04/TST. A "guia respectiva" a que se refere a Instrução Normativa nº 26 do C.TST trata-se, à evidência, daquela utilizada para a efetivação dos depósitos na conta vinculada do empregado (GFIP), diante do disposto no art. 899, §§ 4º e 5º, da CLT. Desse modo, a realização do depósito recursal sem o atendimento ao que reza a norma pertinente, importa na deserção do recurso ordinário. PROCESSO Nº: 01340-2007-043-02-01-2

JUSTIÇA GRATUITA - ISENÇÃO DE CUSTAS: "Os benefícios da justiça gratuita são propiciados, neste Juízo Especializado, ao trabalhador que, em qualquer momento do procedimento judicial, declare seu estado de miserabilidade, nos termos da lei". Agravo de instrumento a que se dá provimento. 2. PROVA PERICIAL. INEXISTÊNCIA DE INSALUBRIDADE: "Constatado pelo Sr. Perito que a empresa fornece, no local de trabalho, equipamentos de proteção individual aos funcionários, e que são efetivamente por eles utilizados, não procede o pleito de adicional de insalubridade". DANO MORAL. DOENÇA PROFISSIONAL. INDENIZAÇÃO DEVIDA: "Inexistentes os elementos que configuram a responsabilidade do empregador, ou seja, a ação ou omissão, o dano, o nexo causal entre a doença e as atividades desenvolvidas pelo trabalhador e a existência de culpa ou dolo do agente, incabível reparação pecuniária por dano". Recurso ordinário a que se nega provimento. PROCESSO Nº: 00320-2006-022-02-00-0

EMBARGOS DE DIVERGÊNCIA

Esse recurso tem como base o art. 894, II da CLT.

Deverá ter duas peças: uma de interposição para o presidente da turma do TST e as razões para a E. SDI do TST.

Deverá ser demonstrada nas razões a divergência do acórdão proferido com outras decisões de outras turmas do TST, ou SDI ou ainda contra as Súmulas do TST e STF.

Há pagamento de preparo.

EMBARGOS INFRINGENTES

Esse recurso tem como base a Lei 7.701/88, art. $2º$, inciso II, alínea "c", e somente será cabível em decisões que julgaram um dissídio coletivo de competência originária do TST.

Sua interposição deverá ser endereçada para o Presidente da SDC do TST e suas razões endereçadas para a SDC do TST.

Não há pagamento de depósito recursal.

AGRAVO REGIMENTAL

Esse recurso é usado apenas para decisões monocráticas conforme, com base na Lei 7.701/88, art. $5º$, alínea "c". Tem como escopo questionar uma decisão que indeferiu uma ação rescisória ou mandado de segurança, ou ainda, que não conheceu de recurso no Juízo *ad quem*.

Ainda tem cabimento para as decisões interlocutórias proferidas em tribunais.

Sua interposição é para o relator da turma ou da seção e as razões para o local competente para julgar a peça que foi indeferida ou não conhecida.

Não há pagamento de preparo.

MANDADO DE SEGURANÇA IMPETRADO CONTRA ATO QUE COMPORTA RECURSO PRÓPRIO. Agravo regimental a que se nega provimento. PROCESSO Nº: 11991-2008-000-02-00-0

AÇÃO RESCISÓRIA JULGADA EXTINTA SEM RESOLUÇÃO DO MÉRITO, POIS NÃO OBSERVADOS OS PRESSUPOSTOS DO ART. 485, DO CPC. Agravo regimental a que se nega provimento. PROCESSO Nº: 11900-2008-000-02-00-7

AGRAVO REGIMENTAL EM MANDADO DE SEGURANÇA. Decisão monocrática. Extinção da ação. Recurso próprio. Desprovimento – Incabível a utilização de mandado de segurança com o objeto de reverter ato judicial que convolou em embargos à execução a exceção de pré-executividade. De natureza interlocutória, vedado o reexame imediato pela via recursal, e tampouco pela via do *writ* em manifesto caráter de sucedaneidade. A decisão que contempla os embargos encontra no agravo de petição a possibilidade recursal própria. Aplicação à hipótese do art. 5º, inciso II, da Lei nº 1.533/1951; Súmula nº 267, do STF; e Orientação jurisprudencial nº 92, do TST. Agravo regimental a que se nega provimento. PROCESSO Nº: 10397-2008-000-02-00-2

AGRAVO REGIMENTAL - DEPOSITO PRÉVIO - REQUISITO DE ADMISSIBILIDADE DA AÇÃO RESCISÓRIA. A redação do art. 836 da CLT sofreu alteração com o advento da Lei n.º 11.495/2007, trazendo novo requisito para o ajuizamento da ação rescisória, ou seja, é obrigatório o depósito prévio de 20% do valor da causa, salvo se o autor da demanda provar a miserabilidade jurídica. O depósito a que alude a lei constitui requisito de admissibilidade da ação rescisória, devendo haver comprovação de que tal depósito foi efetuado anteriormente ao ajuizamento da ação rescisória, não cabendo dilação de prazo para suprir a deficiência. PROCESSO Nº: 13967-2007-000-02-00-5

RECURSO EXTRAORDINÁRIO

Apenas é utilizado, esse recurso, para questionar decisões que contrariam a CF. Sua base legal está no art. 102, III da CF e sua interposição será para o presidente do TST e as razões para o STF. Nas razões só poderá existir artigos da CF. Há pagamento do preparo.

PEDIDO DE REVISÃO

Esse recurso pouco usado na prática, tem como base a Lei 5.584/70 art. 2º § 2º seu prazo é de 48 hs. Só terá uma aplicação. Questionar uma decisão que arbitrou o valor da causa em audiência.

A peça de interposição será para a Vara do Trabalho e as razões para o TRT.

Não se esqueça de juntar a cópia da petição inicial e a ata de audiência.

Não há pagamento de preparo.

VALOR DA CAUSA. INTELIGÊNCIA DO ART. 2º DA LEI N° 5.584/70. Ainda que haja assistência de advogado, o processo do trabalho deve manter sua informalidade. O valor da causa há que se ater à determinação do art. 259 do CPC. Todavia, na Justiça do Trabalho, cumpre ao juiz fixar-lhe o valor, antes de passar à instrução da causa, podendo as partes, até a oportunidade das alegações finais, impugná-lo e pedir sua revisão ao Presidente do Tribunal Regional (Lei nº 5.584/70, art. 2º e § 2º). PROCESSO Nº: 02990004500

Direito e Processo do Trabalho

EMBARGOS DE DECLARAÇÃO

Quando a decisão for omissa, contraditória ou obscura, caberá embargo de declaração, que nada mais é, do que uma peça incidental ao processo, que deverá ser endereçada para o juízo que proferiu a decisão.

Insta salientar que nesses embargos poderá ser pleiteado o efeito modificativo, e nesta hipótese, a outra parte deverá ser intimada para oferecer suas contrarrazões.

Muito bem, vamos começar pelo texto literal da lei. Conforme o art. 897-A da CLT:

Art. 897-A. Caberão embargos de declaração da sentença ou acórdão, no prazo de cinco dias, devendo seu julgamento ocorrer na primeira audiência ou sessão subseqüente a sua apresentação, registrado na certidão, admitido efeito modificativo da decisão nos casos de omissão e contradição no julgado e manifesto equívoco no exame dos pressupostos extrínsecos do recurso. (Acrescentado pela L-009.957-2000)

Como esta evidente na parte final do artigo supracitado, caberão embargos de declaração quando houver manifesto equivoco no exame dos pressupostos extrínsecos do recurso.

Mas o que significa esse trecho legal?
Vamos por etapas.

1 - Quais são os pressupostos extrínsecos dos recursos?
A doutrina dominante nos informa que são o preparo, o prazo e a representação das partes, ou seja, no primeiro juízo de admissibilidade serão analisados esses pressupostos para a validade do processo.

2- O que seria manifesto equívoco?
É um erro crasso por parte do Poder Judiciário.

Exemplos de erros da secretaria que acontecem na prática:

a) A decisão foi procedente em parte e o reclamante recorreu. Ocorre que o Juiz indeferiu o recurso ordinário para o TRT. Nessa situação o RO não poderia ser denegado;

b) O reclamante pediu a concessão da justiça gratuita, a qual foi deferida. Foi proferida a decisão e o reclamante recorreu, ocorre que o RO foi considerado deserto, não poderia ser, tendo em vista que nessa hipótese o empregado nada pagaria para recorrer;

c) Foi declarada a falência da empresa e quando a mesma recorreu seu recurso foi denegado seguimento por ser deserto. Considerado nessa situação também, o recurso deveria ser encaminhado para o Tribunal, sem a necessidade de pagamento;

d) Por simples erro de representação o recurso foi denegado, nessa situação também cabem embargos de declaração, por se tratar de um pressuposto extrínseco;

e) Nessa última hipótese, que é mais comum, imagine um recurso que é interposto no $9^{\underline{o}}$ dia de prazo, pois no $8^{\underline{o}}$ dia foi feriado municipal, estadual ou federal.

Assim ocorrendo denegação do recurso por um dos motivos acima descritos, cabem embargos de declaração para o mesmo Juízo que proferiu a decisão.

O cabimento nos dias de hoje do agravo de instrumento, são para impugnar despachos que denegam segmento ao recurso para uma outra instância,situações essas que não se enquadram nas hipóteses acima.

CONTRARRAZÕES

Essa peça sempre irá pleitear a manutenção da respeitável decisão de folhas. Seguem os mesmos moldes do recurso que está acompanhando. Sua base é o art. 900 da CLT.

DICAS PARA AS AÇÕES DE EXECUÇÃO

1- O processo de execução é um processo autônomo e tem como objetivo expropriar os bens do devedor a favor do credor.

2- Só poderá ser discutida nessa fase nulidades processuais ou erro ou valor exorbitante na penhora ou nos cálculos.

3- A base legal dessa fase está nos arts. 876 a 892 da CLT.

4- Só haverá o pagamento das custas e ao final do processo 889- "a" da CLT.

EXCEÇÃO DE PRÉ-EXECUTIVIDADE

Esse incidente processual sempre proposto antes da penhora tem seu embasamento na Súmula 397 do TST.

Poderá ser proposta após a penhora, quando essa não garantir todo o juízo.

É uma peça incidental que deverá apenas demonstrar a nulidade processual ou ainda os motivos da não realização da penhora.

Use como base os arts. 794 e 795 da CLT. Poderá ser utilizada essa peça também em penhoras insubsistentes.

EXECUÇÃO. Pré-executividade. A pré-executividade não é compatível com o processo do trabalho. Neste, o revel é intimado da sentença (art. 852 da CLT), podendo apresentar recurso ordinário. A CLT exige garantia do juízo para a apresentação dos embargos (art. 884). Logo, não há omissão na CLT, além do que a pré-executividade nem sequer tem previsão no CPC. PROCESSO Nº: 02234-1999-030-02-00-6

AGRAVO DE PETIÇÃO. Análise de pré-executividade não conhecida. De decisões interlocutórias não cabe qualquer recurso, conforme a regra do § 1º do art. 893 da CLT. A decisão que não conhece da pré-executividade é interlocutória. Dela não cabe qualquer recurso. PROCESSO Nº: 00780-1994-383-02-00-8

EMBARGOS À EXECUÇÃO

Essa peça tem natureza jurídica de ação e deverá ser proposta depois da penhora num prazo de até cinco dias.
Abrem-se tópicos da seguinte maneira:
a) endereçamento;
b) qualificação simples;
c) resumo da execução;
d) do excesso da penhora (arts. 884 da CLT e 475 "I" do CPC); e
e) pedido e requerimentos finais.
Chame as partes de exequente e executado.

EXECUÇÃO. BENS QUE GUARNECEM A RESIDÊNCIA. Nos termos do art. 649, II, do CPC, são impenhoráveis o imóvel e demais utilidades domésticas da residência do executado, salvo os de elevado valor ou que ultrapassem as necessidades comuns da entidade familiar de padrão médio. *In casu*, os bens constritos, quais sejam, uma máquina de lava-roupas, um aparelho de som (*microsystem*), uma TV de 20 polegadas e um refrigerador antigo, são eletrodomésticos de propriedade da agravante, ex-esposa do sócio da executada, que atendem às necessidades comuns de qualquer família brasileira, seja qual for o nível social. Não se encontra, portanto, preenchida a condição de bens de alto valor de mercado, autorizadora de sua penhorabilidade, tampouco de bens que ultrapassem a necessidade comum, dentro de um padrão razoável das chamadas necessidades da vida humana contemporânea. Nenhum deles denota luxo ou ostensividade. Sequer o aparelho de som pode ser considerado supérfluo, porquanto a música está na alma dos povos, desde tempos imemoriais (no dizer de Nietzsche, "sem música a vida seria um engano"). Nesse contexto, subtrair com fins de expropriação bens usados e sem expressivo valor de mercado atinge a dignidade do devedor e não realiza os fins a que se destina a execução. Agravo de petição provido para desconstituir a penhora. PROCESSO Nº: 02392-2007-001-02-00-1

IMPUGNAÇÃO AOS CÁLCULOS DE LIQUIDAÇÃO

Essa peça é proposta pelo exequente e tem como objetivo questionar a penhora. Sua base legal é a parte final do art. 884 da CLT. Natureza de ação.

IMPUGNAÇÃO À SENTENÇA DE LIQUIDAÇÃO- OPORTUNI-DADE - Nos termos do art. 884, § 3º da CLT, a oportunidade para impugnação à sentença de liquidação é no mesmo prazo de cinco dias para embargos à execução do executado. Descabe agravo de petição sem prévia decisão dos embargos à execução. PROCESSO Nº: 00571-2002-301-02-01-7

EMBARGOS DE TERCEIRO

Sua base está no art. 1.046 do CPC e tem como objetivo anular uma penhora realizada em bens de terceiro. Deve-se requerer o mandado de manutenção (imóveis) ou restituição (móveis). Sua natureza é de ação e o terceiro tem que ter sua qualificação completa.

AGRAVO DE PETIÇÃO EM EMBARGOS DE TERCEIRO - NÃO CONHECIMENTO: "Não se conhece de agravo de petição oposto contra decisão de primeiro grau, julgando improcedentes embargos de terceiro, se a ação não é instruída com documentos indispensáveis à apreciação do litígio". Agravo de petição em embargos de terceiro de que não se conhece. PROCESSO Nº: 00238-2008-087-02-00-2

EXECUÇÃO. FRAUDE. EMBARGOS DE TERCEIRO. Constitui fraude à execução, alienação de imóvel de sócio-executado, ao tempo que corria contra este demanda judicial capaz de alterar-lhe o patrimônio, frustrando o crédito trabalhista do reclamante. Ineficácia do negócio jurídico e transações posteriores. Inteligência do art. 593, inciso II do CPC. A execução se dá de forma objetiva, desimportando se terceiro adquirente de boa-fé ou não. Sua constatação também independe do início da execução. Agravo de petição não provido. PROCESSO Nº: 01299-2008-056-02-00-9

SÓCIO INCLUÍDO NA EXECUÇÃO - EMBARGOS DE TERCEIRO - ILEGITIMIDADE - SOLIDARIEDADE ENTRE SÓCIOS - NÃO CABIMENTO DE BENEFÍCIO DE ORDEM. O sócio da empresa, incluído na execução trabalhista na qualidade de executado, não ostenta legitimidade ativa para propor ação de embargos de terceiro, exceto na estrita hipótese do art. 1.046, § 2º, do CPC, sendo certo que as matérias relativas ao mérito da execução devem ser discutidas no bojo da execução trabalhista. Como os sócios da empresa ostentam responsabilidade solidária entre si, não há falar-se em benefício de ordem, já que a execução pode ser dirigida indistintamente em relação a qualquer um deles, não cabendo a indicação de bens de outros sócios, como forma de se esquivar da execução. PROCESSO Nº: 01778-2006-068-02-00-3

AGRAVO DE PETIÇÃO

Recurso cabível na fase de execução. Tem a mesma estrutura de um RO. Sua base legal é o art. 897, a da CLT. Na peça de interposição na vara do trabalho deverá ter a delimitação da matéria e dos valores a serem discutidos nas razões. Só haverá o pagamento de custas e ao final.

Agravo de petição. Impugnação. Peça técnica. Há muito tempo deixou o agravo de petição de ser uma peça qualquer, onde a parte podia voltar a discutir toda e qualquer matéria, bem como limitar-se a repetir impugnações genéricas. Hoje em dia exige-se rigor técnico, devendo as impugnações serem apresentadas em forma técnica escorreita, demonstrando, efetivamente, os eventuais equívocos que aponta. Agravo de petição não provido, no aspecto. PROCESSO Nº: 03004-2005-064-02-00-0

AGRAVO DE INSTRUMENTO EM AGRAVO DE PETIÇÃO. AUSÊNCIA DE DELIMITAÇÃO DOS VALORES INCONTROVERSOS. MANEJO IRREGULAR DO APELO. O agravo de petição, além dos pressupostos extrínsecos (tempestividade e regularidade de representação), pelas suas características, exige como condição intrínseca, a impugnação circunstanciada de matérias e valores, com expressa indicação dos incontroversos, de modo a possibilitar à parte contrária o imediato soerguimento de tais importes, nos termos do art. 897, § 1º, da CLT ("o agravo de petição só será recebido quando o agravante delimitar, justificadamente, as matérias e os valores impugnados, permitida a execução imediata da parte remanescente até o final, nos próprios autos ou por carta de sentença"). Assim sendo, há que ser mantida a decisão primária que denegou processamento ao agravo de petição que deixou de delimitar os valores incontroversos, pressuposto subjetivo dessa modalidade de apelo. Agravo de instrumento conhecido e não provido. PROCESSO Nº: 02494-1999-011-02-01-6

AGRAVO DE PETIÇÃO - APELO QUE NÃO ATACA OS FUNDA-MENTOS DA DECISÃO AGRAVADA - NÃO CONHECIMENTO. O agravante não observou a regra inscrita no inciso II, do art. 514 do CPC, pois não atacou objetivamente o teor da referida decisão

Livro I - Aspectos Teóricos

agravada, antes, limitou-se a repetir os mesmos fundamentos adotados na impugnação à sentença de liquidação oposta anteriormente, sem fazer qualquer menção à referida decisão atacada. Sendo esta uma instância revisora das decisões proferidas em primeiro grau, é pressuposto de admissibilidade do recurso que a parte fundamente as razões de seu inconformismo em relação à decisão impugnada. Não o fazendo, o apelo não merece ser conhecido, por ausente o pressuposto de admissibilidade previsto no inciso II, do art. 514 do CPC. Aplicação por analogia da Súmula nº 422 do C. TST. Agravo de petição não conhecido. PROCESSO Nº: 00668-2000-032-02-00-9